MEXICO-TENOCHTITLAN

SU ESPACIO Y TIEMPO SAGRADOS

MIGUEL LEON - PORTILLA

PLAZA Y VALDES

PyV

EDITORES

Primera edición: septiembre de 1987

© Miguel León Portilla
Plaza y Janés, S. A. de C. V.
y/o Plaza y Valdés
        C O E D I C I O N

 Instituto Nacional de Bellas Artes

 Secretaria General de Desarrollo Social.
Comité Interno de Ediciones.

 UNIVERSIDAD AUTONOMA METROPOLITANA

Editado en México por Plaza y Janés, S. A. de C. V.
Derechos reservados para todos
los países de habla española.

HECHO EN MEXICO
ISBN-968-856-117-7

Esta edición estuvo al cuidado de Rebeca Bolok.

INDICE

5

CE TLAHTOLLI, OME TLAHTOLLI
UNA, DOS PALABRAS

Heredera de la cultura que floreció en Teotihuacan, y también del arte y el saber de Cholollan y de Tollan, la ciudad de México Tenochtitlan existió en tiempo y espacio sagrados. Los dioses la pensaron y le confirieron un destino. Iba a ser soberana del Anáhuac; a ella vendrían gentes de los cuatro rumbos del mundo.

Libros de pinturas y de signos jeroglíficos, textos en náhuatl, y después también en castellano y otras lenguas, describen su grandeza y nos acercan a su antigua y rica historia. En su tiempo mismo y en su espacio sagrados, quienes en ella vivían tuvieron conciencia del portento perenne de su ser y destino. Así lo hizo patente aquel forjador de cantos cuyas palabras se entonaron en la ciudad al son de las flautas y los atabales:

El águila grasna, el ocelote ruge,
aquí es México Tenochtitlan...
donde hay blancas cañas
y se extiende el agua de jade...

Sin violencia permanece y prospera,
enmedio de sus libros y pinturas,
existe la ciudad de Tenochtitlan,
el Dador de la vida la hace florecer.

(Cantares Mexicanos, Folio 66 v)

Nuestro tema es la ciudad de Tenochtitlan pero el propósito no será abarcar la plenitud de su historia. Otros han intentado ya hacerlo. Es lo sagrado de ella, con el universo de

9

sus símbolos, lo que aquí nos atrae. Lo social y lo económico —lo que en ella fue a la vez terrenal y sagrado— serán siempre el trasfondo.

Hoy, a más de cuatro siglos y medio desde que la ciudad prehispánica fue por completo arrasada, quienes vivimos en la moderna macrocefálica metrópoli ya sin resplandores de jade, mucho tendremos que esforzarnos para imaginar siquiera su antiguo florecer. Había existido ella donde brotaban blancas cañas, rodeada de aguas que resplandecían en círculos de jade. El Dador de la Vida la tenía en sus manos y la hacía florecer.

Ahora bien, en el destino de la ciudad estaba que no todo en la realidad de su antiguo ser sagrado quedará oculto y en olvido. El meollo de su tiempo y su espacio sagrados podría descifrarse acudiendo a los libros de pinturas, signos jeroglíficos, y textos en náhuatl. Incluso algunos soldados cronistas, como Bernal Díaz del Castillo, habían precibido ya algo de su grandeza y misterio. Y a la postre —en nuestro tiempo desacralizado y muy cercano— como si un sueño se convirtiera en realidad, la arqueología hizo posible descubrir bajo el suelo de la ciudad moderna, vestigios impresionantes del recinto sagrado por excelencia de México Tenochtitlan.

Conlleva este libro la intención de acercarnos, siguiendo el camino de los testimonios indígenas, a la significación precisamente de lo sagrado en el tiempo y espacio de Tenochtitlan. Publicado originalmente este trabajo a raíz de que comenzaron a quedar al descubierto, una tras otra, las varias estructuras del Templo Mayor, se ofrece de nuevo ahora pero con un complemento que parece conveniente. Es éste un elenco y descripción de las fuentes etnohistóricas de que disponemos para comprender y valorar lo que fueron en su esplendor, tiempo y espacio sagrados de Tenochtitlan.

Con la descripción de los antiguos testimonios al alcance se quiere invitar a otros a proseguir la búsqueda. Quienes hoy contemplan y padecen la vorágine de la megalópolis en la que nubes de polución hacen difícil ver y sentir el sol, podrán enterarse, si así lo quieren, de otra forma muy distinta de existir en Tenochtitlan. Era ella recinto de flores, morada de humanos, tiempo y espacio sagrados. El forjador de cantos que entonaba su palabra al son de las flautas y los atabales —el que hemos citado al principio— en verdad lo supo expresar:

Es el Dador de la vida
que sustenta a la tierra,
y lleva en sí al Anáhuac
sobre el agua celeste.
Flores preciosas hay en vuestras manos;
con verdes sauces
habéis matizado a la ciudad,
a todo lo que las aguas rodean
en la plenitud del día;
habéis hecho una pintura
del agua celeste...
A ti, Nezahualcóyotl,
a ti, Motecuhzoma,
el Dador de la vida os forjó...

Hacer una pintura del agua celeste, en la plenitud del día de la antigua Tenochtitlan, es hoy tarea imposible. Quedan al menos vestigios y testimonios, legado de los pintores y escribanos indígenas que en su tiempo lo intentaron. Sus libros de imágenes y signos jeroglíficos, sus textos en la lengua que prevaleció en Anáhuac, permiten emprender el acercamiento. Lo que aquí ofrezco es sólo un comienzo. A otros corresponde adentrarse "en lo secreto, lo oculto", el meollo más hondo de lo sagrado en el ser —tiempo y espacio— de México Tenochtitlan.

Ciudad Universitaria   *Miguel León-Portilla*
Julio de 1987

PRIMERA PARTE:

ESPACIO Y TIEMPO SAGRADOS

Introducción

Tratamiento literario de un aspecto de la superestructura cultural mexica será para algunos este trabajo. Sociedad y economía —repetirán en tono cientificista— es lo que hoy interesa. Sólo desde el ángulo de lo único real, eso que constituye la estructura socioeconómica, podrán estudiarse debidamente temas como éste de "tiempo y espacio sagrados", en relación con Tenochtitlan.

Desde luego que, en toda investigación histórica, lo socioeconómico o valiéndonos de una expresión cuyo sentido ampliamos aquí al máximo, *el todo social*, ha de estar, por lo menos, como algo implícito, como presupuesto insoslayable en la conciencia de quien se ocupa de tal o cual tema en particular. Ello es válido a propósito de la más extensa gama de cuestiones, desde el estudio de los modos de producción hasta el de los mitos, cosmovisión, arte, religión, literatura, historiografía, derecho, etcétera, según existieron en cualquier ámbito cultural.

Ahora bien, abrirse al *todo social* presupone asimismo no perder de vista que hay una dialéctica interna, inherente al proceso histórico. El dinamismo de cuanto integra el todo social origina tesis y antítesis, confrontaciones e influencias recíprocas entre los que concebimos como aspectos o elementos suyos diferentes pero que de hecho existen intrínsecamente relacionados, integrando la estructura de una misma realidad en devenir. Por eso resulta imposible postular la existencia de compartimentos estancos en el ser histórico de una cultura, que sólo ejercieran influencia en otros sectores del todo social, pero que en nada o en muy poco se vieran

15

afectados por las que se muestran como otras formas de desarrollo dentro del mismo todo. Proclamar así que "sociedad y economía" es lo que en realidad existe, soslayando a la par el significado que, por sí mismas, tienen otras manifestaciones culturales, como las que se consideran creaciones espirituales, refleja entonces dogmatismo o ingenuidad.

En el gran ámbito del todo social, en cualquier contexto de cultura, si sociedad y economía han condicionado mitos, creencias, arte, sistema político, etcétera, también éstos, consecuencia cultural del pensamiento, revierten e influyen en la sociedad y en los medios de que ésta dispone para forjar su economía. Es éste un efecto de la dialéctica que actúa en historia y cultura.

Al ocuparnos ahora del tema de la concepción de un espacio y tiempo sagrados con vigencia en Tenochtitlan, tendremos presente, si se quiere de modo implícito, el presupuesto del todo social. Hacer algo semejante —dando cabida en ese todo, y de manera directa, a la influencia de las creaciones del espíritu— sería saludable a quienes se ocupan de temas preferentemente ligados a la economía y estructuras sociales. Pedir más, sería exigir peras al olmo. No intentarlo parecería participar en la idea de aquél que supuso que, en el hombre, la estructura la constituían columna vertebral, estómago y extremidades, en tanto que el cerebro era sólo superestructura.

Atendamos ya a Tenochtitlan, la metrópoli de los mexicas. Importan en alto grado las condiciones socioeconómicas que encauzaron su fundación y ulterior florecimiento. Mucho interesan también su desarrollo demográfico, formas de producción, fuentes de abastecimiento, sistemas hidráulicos, cultivos en chinampas, urbanismo que allí prevaleció, arquitectura religiosa, tipos de habitación, escuelas y mercados, relaciones entre grupos dominante y dominado, servicios públicos, formas de comunicación, comercio, etcétera. Todo ello, siendo fundamental para valorar lo que llegó a ser la metrópoli prehispánica, dista mucho, sin embargo, de integrar una imagen adecuada, plenamente dinámica, de Tenochtitlan. Una comprensión del todo social exige dar entrada a una valoración de lo que fueron el revertir e influir allí —en proceso dialéctico no interrumpido— del gran conjunto de

16

ideas y otras creaciones espirituales, según florecieron en la misma Tenochtitlan.

¿Cómo se implantaron y desarrollaron en ella los que llamamos mitos mexicas, creencias religiosas, pensamiento mágico, saber medicinal, expresión literaria, ciencia calendárica, sentido de la historia, elucubraciones de los sacerdotes y sabios? ¿Qué consecuencias alcanzó a tener luego todo ese mundo de pensamiento y símbolos en la vida del pueblo, en el engrandecimiento económico y político de la ciudad, con su creciente constelación de señoríos tributarios? ¿Cómo se vinculó la carga de significaciones inherentes a espacio y tiempo míticos y primordiales, con el ser terrestre de la ciudad? ¿De qué manera adquirieron en ella realidad, espacio y tiempo sagrados, dedicados al culto y la reactualización de lo que pertenece a la divinidad y da raíz a los hombres? Finalmente, ¿qué impacto recibieron sociedad y economía como consecuencia de su vinculación inescapable con ese contexto, eminentemente semántico, de una sacralización espacio-temporal?

La idea del espacio y el tiempo sagrados

Llegar a concebir un espacio como realidad sagrada presupone una profunda experiencia religiosa. Implica ésta el sentido del misterio, de lo tremendo y portentoso, que causa temor y a la vez atrae. Se siente y se piensa que en el espacio sagrado ha ocurrido y puede volver a presentarse la revelación de una realidad absoluta y divina. Es allí donde los dioses han mostrado su benevolencia y donde deben ser invocados, adorados, propiciados por medio de los ritos, sacrificios y aun, en ocasiones, por prácticas de sentido mágico. Espacio sagrado es el ámbito que, por disposición de los dioses, constituye lugar elegido para morada de un pueblo, para erigir un templo, a veces también un palacio, desde donde se ejercerá el poder.

En última instancia la sacralización puede concebirse como implantación de arquetipos divinos en lo que antes era tierra vacía de sentido y lugar tenebroso. Así, el espacio sagrado se distingue radicalmente de toda extensión circundante, que no participa ni está vinculada con las realidades divinas

17

y absolutas en las que cree la comunidad. Como los dioses han creado al mundo, corresponde a los hombres constituir y ampliar, con ayuda de los dioses, el espacio sagrado.[1]

El tiempo, a su vez, puede también adquirir el carácter de sagrado. Vale ello respecto de los periodos y momentos en que los hombres reactualizan, a través de sus fiestas y ritos, el obrar primigenio de la divinidad. El tiempo sagrado asimismo difiere radicalmente del tiempo profano. Este último está constituido por lapsos que se consideran oscuros, noche de los tiempos, momentos en que el hombre se ha apartado de lo que anunciaron los dioses, cuando descuida o abandona creencias, ceremonias, ritos y fiestas que ayudan a normar su vida.

Tiempo y espacio sagrados se hallan, como es obvio, en estrecha relación con los mitos y creencias del grupo. Y no soslayaré aquí que, precisamente en función de la antes mencionada dialéctica, están afectados por las realidades socioeconómicas sobre las cuales, a su vez, influyen también de diversas formas.

En el acercamiento que aquí intento respecto del tiempo y el espacio sagrados de Tenochtitlan, seguiré dos caminos que, a la postre, convergen. Atenderé primero a la Tenochtitlan que, según los relatos míticos, se anunció y pre-existió de modo portentoso en el pensamiento de los dioses. Se trata de una Tenochtitlan esencialmente mítica. La que sería famosa metrópoli se manifestó así, según veremos, en un tiempo y espacio primigenios y divinos. Consideraré luego la realización del mito en la Tenochtitlan terrestre, la que existió en el islote, en la región de los lagos. Es entonces cuando en virtud de la reactualización del mito, surgen en la ciudad tiempo y espacio sagrados, nuevo marco, de enorme potencial semántico, que mucho habría de influir en el ulterior desarrollo del pueblo mexica.

---

1 En lo referente al marco conceptual en que sitúo la idea de espacio y tiempo sagrados, he tomado en cuenta, de modo especial, lo expuesto por Mircea Eliade en *Lo Sagrado y lo profano*, Madrid, Guadarrama, 1967 (versión española), de *Das Heilige und das Profane*, que no he tenido al alcance en su texto original).

LA TENOCHTITLAN MITICA: SU TIEMPO Y ESPACIO PRIMIGENIOS

Códices y crónicas, en náhuatl y castellano, representan y mencionan la estancia de los mexicas en Aztlan Chicomóztoc. Al cronista Cristóbal del Castillo, autor del texto náhuatl sobre la *Migración de los mexicanos al país de Anáhuac*, debemos en particular un relato pormenorizado sobre la condición de los que allí vivían.[2] Los mexicas estaban sometidos a gentes más poderosas, a las que tenían que obedecer y pagar tributos. Hoy diríamos que su situación socioeconómica implicaba, en alto grado, relaciones del tipo de grupos dominado y dominante. Fue entonces cuando, gracias a la intercesión de su sacerdote, su dios vino a compadecerse de ellos.

Y así como afligían los señores de Chicomóztoc a los mexitin, les causaban pena, los molestaban, así los querían tener dominados.

El que guiaba a los mexitin era valiente. Su nombre era Huitzilopochtli, gran guardián del que hacia portentos, servidor de él, del gran hacedor de portentos, Tetzauhtéotl. Mucho le hablaba éste como ser humano, se le mostraba a Huitzilopochtli, hasta que luego él se hizo semejanza suya, de Tetzauhtéotl. Así su nombre sólo fue Huitzilopochtli. Y era así él Huitzilopochtli: *Huitzil* su nombre, Colibrí.

---

2 Escribió Cristóbal del Castillo —como se sabe— hacia fines del XVI. Los fragmentos que se conservan de su obra se hallan en la Biblioteca Nacional de París. Francisco del Paso y Troncoso publicó el texto en náhuatl y una versión literal en español de la mayor parte de dichos fragmentos, bajo el título de *Fragmentos de la obra general sobre Historia de los Mexicanos,* escrito en náhuatl por Cristóbal del Castillo, Florencia. Tipografía de Salvador Landi, 1908.
   La traducción que aquí ofrezco, la preparé para este trabajo.

Era zurdo de mano *(Opochmaye)*, gran capitán. Por ello rectamente lo llamaron Huitzilopochtli, semejanza, imagen de él, del hacedor de portentos, Tetzauhtéotl. Y mucho atormentaban los señores de Chicomóztoc a los mexitin, así los querían destruir, los querían tener dominados. Entonces aquél su servidor, su allegado, el hechicero Huitzilopochtli, gemía mucho delante de él, le suplicaba al portentoso Tetzauhtéotl que ayudara, que defendiese a sus vasallos, porque ya en verdad a él lo adoraban, que no adoraban a los dioses de los de Chicomóztoc, a todos juntos. Y puesto que ya a él todos ellos lo adoraban, al gran hacedor de portentos, que mucho se compadeciera de ellos, que los defendiera, que los salvara para que no a todos les den muerte, para que no perezcan todos. Que los guíe hacia otro lugar, a un sitio bueno y conveniente, que les dé tierras, que allí sólo se dedicarán a una cosa: a él habrán de servirlo.

Y él, el dios-portento, Tetzauhtéotl, en seguida se manifestó; dijo:

Oh siervo mío, es muy verdadero, tú haces que yo de ti me compadezca y mucho también de vosotros que sois mis siervos, los mexitin de la ribera del agua...[3]

El dios, al que invocaba el sacerdote Huitzilipochtli se llamaba Tetzauhtéotl, "el dios portentoso". Algunos de sus atributos, incluyendo su nombre, parecen apuntar a una cierta relación con Tezcatlipoca. Dejando esto como una hipótesis, veamos lo que, en la misma relación mítica recogida por Cristóbal del Castillo, se nos dice luego. De nuevo es el dios el que habla:

Ahora es así que ya fui, ya fui a mirar en el lugar bueno, conveniente, que también es un lugar así, allá también se extiende un muy grande espejo de agua (una laguna). Allá se produce todo lo que vosotros necesitáis, nada se echa

---

3 Castillo, Cristóbal del, *op. cit.*, p. 58-59.

allí a perder. Lo que hay aquí, donde vosotros estáis, allá también todo eso se produce. Porque no quiero que aquí os hagan perecer y, así, os haré regalo de esto, allá a vosotros os haré famosos en verdad sobre la tierra, ciertamente por todas partes donde hay gente. Ciertamente no habrá lugar que esté habitado donde no seáis famosos...[4]

El sitio del cual les hará regalo el dios portentoso, se describe luego, en otro pasaje, con nombres como los siguientes: *Atézcatl Metztli y Apan*, "en la laguna del agua de la luna", *Xochitlalpan*, "en la tierra florida", *Tonacatlalpan*, "en la tierra de nuestro sustento". Ese lugar escogido por el dios, como varias veces lo repite el texto, se asemejaba a Aztlan, tierra también rodeada por el agua y lugar de abundancia.

De los varios sitios por los cuales —según su legendaria historia— pasarán luego los mexicas en su larga peregrinación, sólo vamos a fijarnos aquí en unos cuantos, aquéllos que, de un modo o de otro, vienen a relacionarse directamente con el lugar elegido por Tetzauhtéotl para morada de sus siervos. El pueblo seguidor del dios portentoso ha entrado en un tiempo primigenio a partir del momento de la hierofanía, en que el numen les anuncia que ha tenido compasión de ellos y va a ser su guía. Tenochtitlan asimismo ha iniciado ya también su existencia en el pensamiento de dios que afirma incluso que ya ha ido a ver el lugar bueno, conveniente, donde se extiende un muy grande espejo de agua, donde está todo lo que es necesario para la vida. El espacio sagrado se halla por ahora tan sólo en la mente del dios. Para los mexicas ese espacio es su tierra prometida. El tiempo primigenio —*ab origine, in illo tempore*— en que su nueva existencia transcurre, desde la manifestación del dios portentoso se desenvolverá en una secuencia que culminará en el espacio sagrado, en la región de los lagos.

Atraviesan los mexicas un brazo de mar, al que aluden varios códices y relatos. Estando luego en Huehue-Colhuacan al que Cristóbal del Castillo describe como existente en la Chichimecatlalpan, el sacerdote Huitzilopochtli anuncia al

---

4 Castillo, *op. cit.*, p. 59.

pueblo que era ya llegada la hora de su propia muerte. El sacerdote reitera que conoce, gracias a Tetzauhtéotl, la que habrá de ser tierra y población de sus seguidores. Añade que el mismo Tetzauhtéotl, entre otras cosas, le ha anticipado cuál será su destino. Descenderá Huitzilopochtli a la región de los muertos pero allí permanecerá sólo cinco días. Luego retornará al lado de su pueblo. En sus huesos volverá a habitar la vida. Tetzauhtéotl entrará en su cráneo y en él, y por medio de él, seguirá hablando a los sacerdotes mexicas. Estos habrán de llevar en un envoltorio, en el que vive ya la divinidad, la osamenta de Huitzilopochtli.[5]

Por mucho tiempo habría de proseguirse la peregrinación. Siempre y en todos lugares Huitzilopochtli, identificado ya con Tetzauhtéotl, continuó guiando a su pueblo. Según varias fuentes, entre ellas la *Crónica Mexicana* de Tezozómoc, una hermana tenía Huitzilopochtli, hechicera, *Teyolocuani*, "comedora de corazones de hombres", *Teixcuepani*, "embaucadora de gentes", que de diversas formas molestaba a los mexicas. Cansado de ella Huitzilopochtli dispuso que, al pasar por el lago de Pátzcuaro, en Michoacán, quitándoles los vestidos a la dicha hermana y a otros, mientras se bañaban, los obligaran a quedarse en aquel lugar.[6]

La tal hermana de Huitzilopochtli es llamada primeramente Malinalxóchitl. Así la nombra Tezozómoc en el pasaje al que hemos aludido. Más tarde Malinalxóchitl viene a ser mencionada con el nombre de Coyolxauhqui. Ello precisamente ocurre en el contexto del episodio que en seguida vamos a recordar.

Llegada a Coatépec, lugar de portentos

Los mexicas han llegado a Coatépec no muy lejos de Tula. Malinalxóchitl previamente había venido a establecerse allí, saliendo de Pátzcuaro. Con ella estaban cuatrocientos hermanos suyos, los conocidos como Centzon Huitznahua, "los

---

5   Castillo, *op. cit.*, ver p. 65-68.

6   Véase: Alvarado Tezozómoc, Fernando, *Crónica Mexicana*, México, Editorial Leyenda, 1944, p. 9.

Cuatrocientos Surianos". En Coatépec, según refiere Tezo-zómoc:

Ellos, los mexicanos, luego alzan ya su templo, la casa de Huitzilopochtli, luego ya ponen allá el *cuauhxicalli* y a los dioses de los capulli de Yopico, Tlacochcalco, Huitz-náhuac, Tlacatecpan, Tzomolco, Atempan, Tescacóac, Tlamatzinco, Molocotitla, Nonoalco, Cihuatecpan, Izqui-tlan, Milnáhuac, Cóatl Xoxouhcan y Aticpac. Pues bien, allá los juntó, los acomodó, los contó, a todos, él, Huitzi-lopochtli, porque es el jefe de ellos, el primero de ellos...

Y él, Huitzilopochtli, luego planta su juego de pelota, luego ya coloca su *tzompantli;* y luego ya por esto obs-truyen el barranco, la cuesta empinada, allá se junta, se represa el agua —se hizo por disposición de Huitzilopoch-tli—, y luego les dijo a sus padres, a ellos, a los mexica-nos: ¡oh, mis padres! pues ya se represó el agua, plantad, sembrad sauce, ahuehuete, caña, tule, flor de *atlacuezo-nalli*. Y ya echan simiente los peces, las ranas, los ajolotes, los camaroncitos, los *aneneztes*, los gusanillos pantaneros, la mosca del agua, el insecto cabezón, el gusanillo lagunero, y los pájaros, el pato, el ánade, el *quechilton*, el tordo, los *acollatlauhque*, los *tozcacoztique*. Huitzilopochtli dijo luego: Este gusanillo lagunero pues es ciertamente carne mía, sangre mía, color mío. Y luego allá entonó el canto suyo, cantaba, y también bailaba: el canto de nombre Tlaxotecáyotl y Tecuilhuicuícatl, allá los compuso...[7]

En ese lugar tan apetecible, con abundancia de agua y todo género de sustento, quedaron instalados los mexicas. Habían levantado ya en Coatépec su templo a Huitzilopochtli. Mos-traban alegría y quizás algunos de ellos pensaban que bien podía ser ese el lugar que les tenía predestinado su dios. Fue entonces cuando los Centzon Huitznahua, "los Cuatrocien-tos Surianos" —y también la que ahora se nombra ya Coyol-

---

7 Alvarado Tezozómoc, Fernando, *Crónica Mexicáyotl,* edición de Adrián León, segunda edición, México, Instituto de Investigaciones Históricas, 1975, p. 32-33.

Oncan ceppa ỹpā molpi ynxihuitl yncalmak ycamac cohuatepetl ycpa chuechuech in tlequahuitl ypan ynome acatl xihuitl

Cohuatépetl, la "Montaña de la Serpiente". La traducción del texto que aparece en náhuatl es: "Allí, por vez primera, se ataron los años en Cohuatlicámac. En el Cohuatépetl cae el tlequáhuitl, el instrumento de madera para encender el fuego, en el año 2-Casa. Códice Aubin, p. 11.

24

xauhqui—, pretenden lograr que sea ese sitio, Coatépec, el escogido, donde habrá de existir la ciudad anunciada:

Y luego dijeron los Centzon Huitznahua a Huitzilopochtli y a los sacerdotes: Pues ya aquí estará tu tarea, a que viniste, mirarás, afrontarás a la gente de las cuatro partes, impulsarás el poblado, que lo agarrarás con tu pecho, tu cabeza; y es tu corazón, tu sangre, tu pintura, con que verás lo que nos prometiste, el variado chalchihuite, la piedra preciada, el oro, las plumas de quetzal, la diversa pluma preciada, el cacao de color, al algodón de color, y la diversa flor, y el diverso fruto, la diversa riqueza, pues en verdad arraigaste, encabezaste tu población aquí en Coatépec, pues ya aquí estás reuniendo a tus padres, a tus vasallos los aztecas, los mexicanos. Así piden los Centzon Huitznahua.

Y luego se enojó Huitzilopochtli, luego les dijo: "¿Qué decís? ¿Acaso vosotros sabéis? ¿Acaso es vuestra tarea? ¿Acaso vosotros me sobrepasáis? Yo pues sé lo que haré". Luego ya se apercibe Huitzilopochtli allá en su casa, se apercibió, entonces se armó para la guerra, nomás con miel con que se pintó mucho; con que cercó a cada quien por delante, y tomó su escudo...[8]

Por voluntad de los Centzon Huitznahua, que así quisieron contrariar a Huitzilopochtli, Tenochtitlan debía comenzar entonces a existir en un lugar determinado. Pero ese espacio no era el escogido por Huitzilopochtli. El falso espacio sagrado tenía, por tanto, que ser destruido. Ocurrió un enfrentamiento. Las posibilidades de interpretación son aquí muy amplias. ¿Se trata de una venganza que intentaron perpetrar quienes habían quedado abandonados en Michoacán? ¿Hay alguna suerte de intereses, afán de dominio, en relación con ese lugar de tanta abundancia? El hecho fue que los seguidores de Huitzilopochtli tuvieron que plegarse a los designios de su dios. El mismo Tezozómoc nos pinta lo que entonces ocurrió:

---

8 Alvarado Tezozómoc, *op. cit.*, p. 33-34.

25

26

Asentamiento de los mexicas en Coatépec, cerca de Tula. A algunos de ellos pareció que ese lugar tan apetecible bien podía ser el sitio que les tenía predestinado su dios. Manuscrito de Tovar. fol. 99.

Cuando se aprestó para la guerra Huitzilopochtli, luego viene ya, viene a destruirlos, viene a matarlos, a los Centzon Huitznahua, allá en Teotlachco —el lugar del juego de pelota— se come a sus tíos, y a ella, a su madre, que había tomado por madre, la de nombre Coyolxauhqui, luego primeramente con ella empezó, cuando la mató allá en Teotlachco, allá come el corazón de Coyolxauhqui, Huitzilopochtli.

Y Coyolxauh era la hermana mayor de los Centzon Huitznahua, y cuando los comió era medianoche, y cuando amaneció, al alba, luego los vieron los padres de ellos, los vasallos de ellos, los mexicanos, nomás todos abiertos del pecho. Coyolxauhqui y los Centzon Huitznahua, allá en Teotlachco, ya no hay cosa de su corazón, todo lo comió Huitzilopochtli. Y los mexicanos mucho se espantaron, y ellos, los Centzon Huitznahua, pensaban que allá en Coatépec, allá estará el poblado, ya allá será México, y pues que no lo quiso él, Huitzilopochtli, luego agujeró por detrás del agua, destruyó lo que obstruía el barranco que allá estaba, en que se hallaba el agua, luego secó todo: el ahuehuete, el sauce, la caña, el tule, la flor del atlacuezonalli. Murieron todos quienes vivían en el agua: los peces, la rana, ajolote, mosca de los pantanos, el insecto cabezón, y el camaroncito, los *aneneztin*; y se desbandaron, se fueron todos los patos, los ánades, los *cuachiltin*, los estorninos, la garza, los *acollatlauhque*, los *tozcacoztique*, ya los pájaros todos.

Y luego partió de allá Huitzilopochtli, trajo hacia acá a sus padres, los vasallos de él, los mexicanos...[9]

De interés es destacar en este relato que Coyolxauhqui, en vez de hermana, aparece como madre de Huitzilopochtli, o por lo menos como "la que había tomado por madre". No deberá extrañarnos que, precisamente en la piedra recientemente descubierta, en la que aparece el cuerpo desmembrado de Coyolxauhqui, ésta tenga, entre sus atavíos y atributos,

9 Alvarado Tezozómoc, *op. cit.*, p. 34-36.

algunos que se juzgaría también corresponden a Coatlicue. Tal es el caso de su ceñidor de serpientes, sus pechos, al parecer flácidos, y el cráneo que lleva en su espalda.

Por vez primera, murió entonces Coyolxauhqui, decapitada en el *tlachco* o juego de pelota. Y los Cuatrocientos Surianos igualmente fenecieron. Huitzilopochtli les arrancó sus corazones y, comiéndoselos, hizo suya la energía vital de sus adversarios. Coatépec, después de la furiosa destrucción perpetrada allí por Huitzilopochtli, quedó abandonado. Los mexicas, como dice el cronista Tezozómoc, se pusieron de nuevo en camino.

Simbolismo astral de un viejo mito mesoamericano

La circunstancia de que ocurriera precisamente en un *teotlachco*, lugar del genuino juego de pelota, este primer enfrentamiento de Huitzilopochtli con Coyolxauhqui y los Centzon Huitznahua, se presta desde luego a una interpretación de sentido astral. Con abundancia de testimonios y argumentos Walter Krickeberg muestra en un interesante estudio las que a su juicio son significaciones implícitas en el simbolismo religioso del juego de pelota mesoamericano.[10] Aduciendo representaciones de dicho juego, incluidas en códices como el *Borgia* (p. 35, 40 y 42), el *Vindobonense* (p. 7, 22) y el *Nuttall* (p. 15, 74, 80), destaca su carácter de símbolo del cielo, bien sea del que se mira hacia el oriente o al poniente o sobre todo de aquél que se percibe en su aspecto nocturno. Si el *teotlachtli* es una imagen del cielo, quienes allí juegan representan a los distintos cuerpos celestes. Por eso en los códices con frecuencia se ven, en asociación con un juego de pelota, deidades que sabemos están vinculadas con un astro determinado. Entre otros dioses encontramos así a los que se relacionan con el sol, la luna, la estrella de la mañana y de la tarde y las cuatrocientas estrellas, es decir

---

10 Krickeberg, Walter, "El juego de pelota mesoamericano y su simbolismo religioso", *Traducciones Mesoamericanistas,* México, Sociedad Mexicana de Antropología 1966, t. I, p. 191-313.

los astros innumerables. Otras veces sólo se miran en el juego de pelota signos calendáricos, como el de *Nahui Ollin*, 4-Movimiento, o *Ce Acatl*, 1-Caña que, debidamente interpretados, dejan ver su sentido como nombre que son de un dios.

Ahora bien, que los dioses jueguen a la pelota en el gran campo del cielo significa que en el universo hay antagonismos y luchas entre las distintas fuerzas que son atributo de los dioses. Un rico conjunto de mitos se halla vinculado estrechamente a tal concepción. En un relato puede ser la deidad asociada con la estrella vespertina, Xólotl, la que resulta vencida. Tal parece ser el sentido de la representación que podemos ver en la página 42 del *Códice Borgia*. En otro lugar participan en la contienda, en el juego de pelota, dos Tezcatlipocas, el negro y el rojo, en tanto que se indica que el sol está a punto de nacer. Un tal enfrentamiento se halla quizás en relación con el tema de los soles cosmogónicos que han de ser presididos por una deidad en particular. Para el final de estos ejemplos he dejado de intento el que aquí más interesa. Me refiero a las representaciones en otros juegos de pelota, imágenes del cielo, en los que el combate cósmico es precisamente el del sol en contra de la luna y las innumerables estrellas.

Tal especie de representaciones se halla en códices, tanto en algunos de la región central como en otros de Oaxaca. De los primeros, citaré algunas muestras que se incluyen en el *Códice Borgia* (p. 35 y 40) y de los de Oaxaca, en el *Nuttall* (p. 4, 15, 74) y en el *Vindobonense* (p. 20, 22). Otro ejemplo lo ofrece el famoso pectoral encontrado en la Tumba 7 de Monte Albán, cuya pieza superior ostenta la forma de un juego de pelota.

De los ejemplos citados me fijaré aquí en uno que ha sido ya objeto de comentario por parte de Krickeberg en el trabajo suyo que he mencionado. Se trata del incluido en la mitad derecha de la página 22 del *Códice Vindobonense*. En ella aparece el símbolo del juego de pelota en su extremo inferior derecho. En la parte media, extremo izquierdo, está la imagen de una diosa decapitada. En el centro hay un conejo que representa al bebedor de pulque. A su derecha y arriba se miran tres magueyes. Krickeberg atinadamente interpreta así la escena: el pulque, los magueyes y el conejo son apuntamiento a los Centzon Totochtin, los Cuatrocientos Conejos, dicho en una palabra *los cuatrocientos* que, como los huitznahua, representan aquí a las estrellas. La diosa decapitada, ahora con atributos de Xochiquétzal, es la joven deidad lunar a la que el sol le ha cortado la cabeza. Como una especie de signo indicador del locativo, aparece según hemos dicho, el *tlachco*. El enfrentamiento ha ocurrido en el *teotlachco*, juego de pelota, símbolo del cielo.

Tomando todo esto en cuenta, resulta fundado suponer que el relato de Tezozómoc acerca del enfrentamiento de Huitzilopochtli con Coyolxauhqui y los Centzon Huitznahua, en el juego de pelota de Coatépec, tiene también un sentido astral. Allí aparece el Sol-Huitzilopochtli que se impone sobre los seres nocturnos y hostiles, la luna-Coyolxauhqui y las estrellas-Centzon Huitznahua. Tal interpretación del relato mítico es evidentemente válida. Sin embargo pienso que, en el caso de este relato mexica, es posible ahondar un poco más hasta encontrar un segundo plano de significación.

Conviene insistir antes que nada en un hecho tocante al simbolismo del juego de pelota como campo celeste en el que ocurren los enfrentamientos de dioses, identificados o por lo menos relacionados con un determinado astro. El hecho es que estamos ante una forma de pensamiento que fue común a pueblos distintos entre sí, como los nahuas, mixtecos, mayas y otros de Mesoamérica. Concebir y representar al cielo como lugar de la contienda del juego de pelota parece ser, además, elemento característico, desde tiempos antiguos, en la visión del mundo de los mesoamericanos. Consecuencia, que cabe derivar de lo anterior, es la de que los mexicas no fueron los forjadores originales del mito, que habla de antagonismos astrales en un juego de pelota. Habrá que admitir, por consiguiente, en esta materia, una amplia difusión cultural dentro del mismo ámbito de Mesoamérica, originada en algún lugar de la misma, en época muy anterior a la entrada de los mexicas en la región de los lagos.

En cambio —y esto nos lleva a percibir un segundo plano de significación— hay en la versión mexica del mito algo que parece ser característico de ella. Lo que llamaremos su peculiaridad consiste en haber atribuido a su propia deidad protectora ser la que entra en el juego de pelota para vencer y aniquilar allí a sus rivales, la luna-Coyolxauhqui y las estrellas Centzon Huitznahua. Tal forma de repensar el mito implica por supuesto la identificación de Huitzilopochtli con el sol. El enfrentamiento se sitúa en un tiempo primigenio pero a la vez ligado con la peregrinación de los mexicas que van en busca de su tierra prometida. De este modo la victoria sobre Coyolxauhqui y los Huitznahua, sin perder su primera connotación de sentido astral, adquiere ahora la de un triunfo del dios de los mexicas y de su pueblo sobre sus enemigos. El que a lo ejecutado por Huitzilopochtli siga luego su acción de sacar y devorar los corazones de los vencidos —para adueñarse de su energía vital y su destino—, es asimismo complemento que confiere ulterior significación al mito, más allá de su primer sentido meramente astral. Adelante, en otro contexto de este mismo trabajo, daremos cabida a la pregunta sobre si es posible precisar cuándo y de qué modo los mexicas adaptaron, de esta suerte, el viejo mito para dar con él nuevo apoyo a sus designios.

El triunfo de Huitzilopochtli en otra versión del mito

Otro relato, diferente del que hemos citado acerca del triunfo de Huitzilopochtli en el juego de pelota, vamos a aducir en seguida. En él se habla también de la muerte de Coyolxauhqui y de los Centzon Huitznahua a manos de Hui-

_____

La deidad lunar, aquí con atributos de Xochiquétzal, aparece decapitada. Ha tenido lugar un enfrentamiento, según lo indican las armas que aparecen arriba. A la derecha y también en alto hay tres magueyes. Según la interpretación de Walter Krickeberg, los magueyes, el conejo y el pulque están evocando a los Centzon Totochtin, los Cuatrocientos Conejos, vinculados precisamente con la luna. Abajo a la derecha está el símbolo del teotlachco, juego de pelota. Códice Vindobonense, *pág. 20.*

tzilopochtli, pero en circunstancias que, aunque guardan relación con la anterior versión del mito, se presentan como distintas. Podría decirse que este otro texto parece ser indicio de una ulterior afinación, en el pensamiento mexica, de lo que realmente quiso expresar acerca de su dios Huitzilopochtli y el destino de quienes se consideraban su pueblo escogido. El texto se encuentra en el *Códice Matritense* y se debe al testimonio de los informantes de Sahagún. Por vez primera se habla en él acerca de Coatlicue, la diosa madre de Huitzilopochtli. Portentoso es todo lo que, según este relato, ocurrió entonces. La acción se desarrolla en un tiempo y espacio primigenios. Coatépec, en vez de ser meramente el lugar donde por un lapso estuvieron asentados los mexicas, es ámbito mítico en el que se realiza el portento del nacimiento de Huitzilopochtli. El tema central es éste, así como el consiguiente enfrentamiento con Coyolxauhqui y los cuatrocientos guerreros surianos.

Por cierto que la *Historia de los mexicanos por sus pinturas* ofrece una forma de explicación acerca del origen de Coatlicue. Era ella una de las cinco mujeres que había creado Tezcatlipoca allá en tiempos remotos cuando dio él vida asimismo a cuatrocientos hombres. El destino de unas y otros iba a estar esencialmente ligado a la existencia del sol. Este había causado la muerte de esos cuatrocientos hombres, hechura de Tezcatlipoca, que reaparecen luego en varios de los textos, que estamos citando con el nombre de Centzon Huitznahua, enemigos permanentes de Huitzilopochtli. Y aunque las mujeres, según el testimonio de la misma *Historia de los mexicanos por sus pinturas*, también habían perecido, luego volvieron a la vida. Una de ellas era precisamente Coatlicue.[11] De este modo si seguimos el hilo de los mitos y creencias que se recogen en la citada *Historia de los mexicanos* ... todas las *personae dramatis* que van a actuar en rela-

---

11 Véase: "Historia de los mexicanos por sus pinturas", *Nueva Colección de Documentos para la Historia de México*, edición de Joaquín García Icazbalceta, México, Salvador Chávez Hayhoe, s. f., p. 215.

ción con el nacimiento de Huitzilopochtli, se presentan como seres de vieja estirpe en el pensamiento religioso, vinculados con una remota creación debida a Tezcatlipoca.

Coatlicue —atendiendo ya ahora al texto en náhuatl del *Códice Matritense*— moraba en Coatépec, en la Montaña de la Serpiente, por el rumbo de Tula. Allí hacía penitencia, tenía a su cargo el barrer, vivía una vida de recogimiento. Y allí tuvo lugar un primer portento. Veamos lo que nos dice el texto:

En Coatépec, por el rumbo de Tula,
había estado viviendo,
allí habitaba una mujer
de nombre Coatlicue...

Esta Coatlicue allí hacía penitencia,
barría, tenía a su cargo el barrer,
así hacía penitencia,
en Coatépec, la Montaña de la Serpiente.

Y una vez,
cuando barría Coatlicue,
sobre ella bajó un plumaje,
como una bola de plumas finas.

En seguida lo recogió Coatlicue,
lo colocó en su seno.

Cuando terminó de barrer,
buscó la pluma, que había colocado en su seno,
pero nada vio allí.
En ese momento Coatlicue quedó encinta... [12]

Ahora bien, introduciendo nueva forma de parentesco, el mismo texto nos dice que Coatlicue "era madre de los Cuatrocientos Surianos y de una hermana de éstos de nombre Coyolxauhqui". De este modo se nos muestran ya en relación

---

12 *Códice Matritense del Real Palacio*, fol. 132 v.-133 r.

todos cuantos van a participar en el drama. Los primeros en actuar son precisamente los Cuatrocientos Surianos y Coyolxauhqui. Todos ellos se dicen profundamente disgustados al enterarse de que su madre Coatlicue se halla encinta. Coyolxauhqui es quien incita a todos a tomar una determinación: "Hermanos —dice, dirigiéndose a los Huitznahua—, ella nos ha deshonrado, hemos de matar a nuestra madre, la perversa, que se encuentra ya encinta".

Dado que en un apéndice doy la versión completa de este texto, me limito a hacer aquí un resumen de su contenido. Coatlicue, al enterarse de lo que intentan sus hijos, mucho se entristece. Desde su seno, sin embargo, el portentoso Huitzilopochtli la conforta. Coyolxauhqui y los Cuatrocientos Surianos se disponen ya a acometer a su madre.

Sin embargo, había uno de entre los Huitznahua que quiso ser leal a Huitzilopochtli. Su nombre, bastante simbólico, es Cuahuitlícac, que significa "el águila que está de pie". Él informa a Huitzilopochtli de lo que traman sus hermanos.

El texto, con vivos colores, describe lo que luego ocurrió: armados, en apretado escuadrón, guiados por Coyolxauhqui, los guerreros Surianos suben por la Montaña de la Serpiente, Coatépec, para matar a Coatlicue. Cuando ya están a punto de caer sobre quien va a ser madre de Huitzilopochtli, ocurre el portentoso nacimiento de éste. Huitzilopochtli aparece armado; dispone de la Xiuhcóatl, la serpiente de fuego. Con rapidez hace frente a sus enemigos. Corta la cabeza a Coyolxauhqui. Destroza su cuerpo. La cabeza queda abandonada en la ladera de la Montaña de la Serpiente. Luego Huitzilopochtli ataca a los Cuatrocientos Surianos. Así, con gran fuerza, lo expresa el texto:

Huitzilopochtli los acosó, los ahuyentó,
los destruyó, los aniquiló, los anonadó.
Sólo unos pocos pudieron escapar,
se dirigieron hacia el sur,
por eso se llaman surianos . . .[13]

---

13 *Códice Matritense*, fol. 134 v.

*Huitzilopochtli, en lo más alto del templo mayor, ataviado para la guerra, y aba-
jo de la pirámide, las serpientes y la anotación que señala que es ésta la Montaña
de la Serpiente, Cohuatépetl. Otra leyenda en náhuatl dice: xiuhcohuatl onca
temoc, "la serpiente de fuego allí descendió". Aunque esta lámina se incluye en
el pasaje relativo al asentamiento de los mexicas en Coatépec, es también visión
anticipada de lo que será ese otro Coatépec, la gran pirámide de Huitzilopochtli,
en el recinto sagrado de Tenochtitlan. Códice Azcatitlan.*

37

Huitzilopochtli, por su parte, se adueñó de los atavíos y de las armas de todos aquéllos a los que había dado muerte. Significativamente nos dice el texto que todo lo que antes pertenecía a los Centzon Huitznahua, Huitzilopochtli "lo incorporó a su propio *tonalli,* a su propio destino".

El suceso, ocurrido en el espacio y tiempo primigenios de la Montaña de la Serpiente —según podremos comprobarlo—, habría de tener grandes consecuencias y significación al existir ya la Tenochtitlan terrestre. El relato de la *Historia de los mexicanos por sus pinturas* incluye aquí un comentario que, si bien puede sonarnos ingenuo, vale la pena traerlo a cuento:

[Coatlicue] empreñóse sin ayuntamiento de varón, y nació de ella Huitzilopochtli otra vez, allende de las otras veces que había nacido, porque como era dios, hacía y podía lo que quería . . .[14]

Apartándonos ahora del contexto del mito primigenio acerca del nacimiento de Huitzilopochtli, volvemos la mirada a lo que sucedió con los mexicas después de permanecer algunos años en el Coatépec localizable en las cercanías de Tula. Salieron ellos de ese lugar y reanudaron su peregrinación.

Enfrentamiento en Chapultepec y presagio acerca de Tenochtitlan

Por muchos sitios pasaron los mexicas. Entre otros están Chimálcoc, Xicoc, Tlemaco, Atitlalaquía, Tequixquiac, Apazco, Zumpango, Ecatépec, Nepopohualco, Tenayuca, Tepeyácac. Como no es nuestro propósito fijarnos aquí en lo que fue la ruta de la peregrinación mexica, pasamos a hablar de algo, también muy significativo, que vino a suceder cuando, después de bastante tiempo, llegaron a asentarse en Chapultepec. Son varias las fuentes indígenas las que tratan acerca de una nueva intervención que ocurrió allí, debida a la céle-

---

14 "Historia de los mexicanos por sus pinturas", *op. cit.*, p. 220-221.

bre hermana de Huitzilopochtli. Esta no es designada ya con el nombre de Coyolxauhqui. Vuelve a emplearse ahora aquél con el que primeramente fue mencionada, Malinalxóchitl. Se repite que era mujer malvada y hechicera, la misma que había quedado abandonada mucho tiempo atrás en Michoacán.

Ahora es un hijo suyo, nacido en Malinalco, el también hechicero Cópil, quien viene a atacar a los mexicas en Chapultepec. Al decir de los testimonios que pudo reunir el cronista fray Diego Durán, Cópil se dedicó a provocar a muchos pueblos comarcanos para que se deshicieran de los mexicas. Una vez que Cópil logró se conjuraran contra los seguidores de Huitzilopochtli los de Azcapotzalco, Coyoacán, Xochimilco, Culhuacán y Chalco, creyó que iba a lograr su cometido.[15] Según otras fuentes, él mismo se puso en campaña contra los mexicas. El hecho es que éstos cayeron sobre él y lo hicieron prisionero. Acto continuo le dieron muerte y le sacaron el corazón. Por disposición de Huitzilopochtli, el sacerdote Tenochtli fue a sembrar el corazón de Cópil allí, en la isla de Tenochtitlan, donde iba a nacer el tunal sobre el que se posaría el águila.[16]

La nueva victoria alcanzada por el pueblo de Huitzilopochtli fue anticipo más inmediato en la realización del destino de México-Tenochtitlan. La ciudad, que existía ya en el pensamiento de los dioses, estaba a punto de iniciar su vida terrestre. Así lo anuncia el sacerdote Cuauhtlequetzqui en un texto que transcribe Chimalpahin y que aparece como profecía de lo que llegará a ser la ciudad. He aquí lo que se dice que expresó Cuauhtlequetzqui, dirigiéndose a Tenochtli:

Si ya por largo tiempo [en Chapultepec], aquí, hemos estado, ahora tú irás a ver allá, entre los tulares, entre los cañaverales, donde tú fuiste a sembrar el corazón del hechicero Cópil, como hubo de hacerse la ofrenda, según me ordenó nuestro dios Huitzilopochtli. Allá habrá germi-

---

15 Durán, fray Diego, *Historia de las Indias de Nueva España y Islas de Tierra Firme*, 2 v., México, 1867-1880, t. I, p. 28-30.

16 Véase: Chimalpahin Cuauhtlehuanitzin, *Segunda Relación*, fol. 58 v.

nación del corazón de Cópil. Y tú, tú irás, tú. Tenochtli, irás a ver allá cómo ha germinado el tunal, el *tenochtli*, del corazón de Cópil. Allí, encima de él, se ha erguido el águila, está destrozando, está desgarrando a la serpiente, la devora. Y el tunal, el *tenochtli*, serás tú, tú, Tenochtli. Y el águila que tú verás, seré yo.

Esta será nuestra fama: en tanto que dure el mundo, así durará el renombre, la gloria, de México-Tenochtitlan . . .[17]

El anuncio del renombre y la gloria que estaban reservadas a Tenochtitlan no significó que los mexicas hubieran puesto ya término a las amenazas que continuaban cirniéndose sobre ellos. Recordemos que las maquinaciones de Cópil los afectaron de hecho. Los mexicas fueron derrotados en Chapultepec por los pueblos que se habían conjurado en su contra. Salieron entonces de allí en busca de un refugio. Los de Culhuacán les concedieron se establecieran en Tizapán, lugar donde abundaban las serpientes.

Culhuacán, antesala de Tenochtitlan

De nuevo Huitzilopochtli actuó, esta vez para consumar ya la entrada de su pueblo en el islote, en medio de los lagos. Ordenó el dios a sus sacerdotes que fueran a pedir al señor de Culhuacán les concediera a una hija suya, para convertirla en su diosa Yaocíhuatl, "La Mujer Guerrera". El señor de Culhuacán accedió a sus súplicas. El mandato de Huitzilopochtli iba a tener ulteriores consecuencias.

El dios dispuso que la doncella culhuacana fuera sacrificada. Una vez muerta, se practicó en ella una especie de *tlacaxipehualiztli*, desollamiento. Con su piel se vistió un sacerdote que precisamente con tal atavío iba a representar a Yaocíhuatl, la Mujer Guerrera.[18] ¿Es ésta nueva evocación de los enfrentamientos de Huitzilopochtli con su hermana

---

17 Chimalpahin, *loc. cit.*

18 Véase el relato pormenorizado que ofrece Alvarado Tezozómoc en *Crónica Mexicáyotl*, p. 55-58.

40

Coyolxauhqui, la nombrada también Malinalxóchitl, la tenida como agresora, hechicera, y mujer guerrera? Aunque los textos no dan base suficiente para relacionar con seguridad este episodio con el tema de los enfrentamientos entre Huitzilopochtli y su famosa hermana, la hipótesis puede al menos ser objeto de consideración.

La muerte de la joven desató la cólera de los de Culhuacán. Los mexicas tuvieron entonces que huir. Su meta fue ya el islote. Allí un nuevo portento habría de enraizar para siempre sus antiguas creencias. El espacio y tiempo sagrados de la Tenochtitlan terrestre iban a aparecer al fin ante los siervos de Huitzilopochtli, allí, en medio de los lagos. Según el significativo texto de Tezozómoc:

Los mexicas atravesaron hacia acá,
vinieron con la flecha y el escudo,
y a quienes no podían vadear el agua,
les puso un puente,
una mujer afeitada a la manera antigua.

No se sabía de dónde vino.

Cuando los mexicas huyeron,
cuando salieron a combatir,
sus niños estaban durmiendo en las cunas,
otros cuantos gateaban . . .[19]

Todo aquello que se había pronosticado, lo que había existido en el pensamiento divino, la ciudad que, varias veces antes, en apariencia había estado a punto de comenzar su existencia, iba ahora a ser realidad. Y en este postrer episodio, inmediatamente anterior al establecimiento en la isla predestinada, actúa también, en forma significativa y ahora favorable, una mujer. El texto la describe como *ce cihuatl moxauhticac*, "una mujer afeitada a la manera antigua". Su participación consistió en que *panohuani quimontequilico*, "vino a servirles poniéndoles un pasadero". Si bien el relato añade que *amo quimati in campa hualla*, "no se sabe de dónde vino", el indicio de su afeite a la antigua, aunado a su

---

19 Alvarado Tezozómoc, *op. cit.*, p. 58.

41

empeño en ayudar a los seguidores de Huitzilopochtli, mueve a entrever como hipótesis, una presencia de la diosa madre, Coatlicue. Si entonces pensaron o no en ella los mexicas, es imposible conocerlo. Queda al menos la vaga referencia a algo misterioso y propicio, en vísperas de que establecerse en el lugar escogido fuera ya nuevo hecho portentoso.

La Tenochtitlan primigenia, celeste, divina, estaba a punto de iniciar su existencia terrestre. El arquetipo se plasmaría en una realidad, espacio y tiempo sacralizados. Los mexicas iban a vivir ya en medio de los lagos. Una parte de su destino se cumplía y otra entonces se iniciaba.

LA TENOCHTITLAN TERRESTRE:
HUITZILOPOCHTLI EN EL ESPACIO Y EL TIEMPO
SAGRADOS, EN LA REGION DE LOS LAGOS

De los varios relatos que se conservan acerca de lo que sucedió después de la partida de los mexicas de Culhuacán, citaremos primeramente lo que nos dice el texto en náhuatl que se conoce con el nombre de *Manuscrito de 1558*:

Cuando los mexicas dieron muerte a la princesa culhuacana, huyeron, fueron a establecerse entre los tulares. En Acocolco estuvieron seis días. He aquí que entonces los mexicas se acercaron a la tierra, aquí a Tenochtitlan, donde sólo había tulares, dónde sólo había carrizales . . .[20]

Varios códices —como el *Azcatitlan*, el *Mexicano*, el *Aubin*, el *Mendocino*—, así como distintos textos en náhuatl, proclaman aquéllo que la tradición había conservado, lo que todos creían se había realizado, lo que, según se decía, sus ancestros habían esperado. Acudamos aquí a la versión que nos dejó el cronista Tezozómoc:

Llegaron entonces
allá donde se yergue el nopal.

Cerca de las piedras vieron con alegría
cómo se erguía un águila sobre aquel nopal.

Allí estaba comiendo algo,
lo desgarraba al comer.

Cuando el águila vio a los mexicas,
inclinó su cabeza.

De lejos estuvieron mirando al águila,
su nido de variadas plumas preciosas,

---

20 "Manuscrito de 1558", Leyenda de los Soles, *Códice Chimalpopoca*, fol. 84.

plumas de pájaro azul,
plumas de pájaro rojo,
todas plumas preciosas;
también estaban esparcidas allí
cabezas de diversos pájaros,
garras y huesos de pájaros . . . [21]

En términos del pensamiento religioso de los mexicas ocurrió entonces la conjunción de tiempo y espacio que marcó el arranque en la realización de su ulterior destino de grandeza. Eran ellos los escogidos de Huitzilopochtli, el dios que se había adueñado del *tonalli* o destino de sus cuatrocientos hermanos, los Centzon Huitznahua. De igual modo, a la nación mexica correspondía sujetar a multitud de pueblos, recibir de ellos tributo y enriquecer su propio ser con los que antes eran fuerza y destino ajenos.

Todo esto que probablemente no resultaba entonces tan claro a los mexicas que, perseguidos y hambrientos, se establecían en el islote, cabe suponer que se derivó, mucho más tarde, en la conciencia del pueblo escogido de Huitzilopochtli, como fruto de repensar su propio pasado. El pensamiento reencauzó profecía y mitos y así vino a influir hondamente, provocando grandes transformaciones en la propia sociedad mexica y en su ámbito de dominación económica y política. Recordemos lo que, según el *Códice Matritense*, dispuso Itzcóatl.

Se guardaba su historia.
Pero, entonces fue quemada:
cuando reinó Itzcóatl, en México.
Se tomó una resolución,
los señores mexicas dijeron:
No conviene que toda la gente
conozca las pinturas.
Los que están sujetos (el pueblo),
se echarán a perder
y andará torcida la tierra,

21 Alvarado Tezozómoc, *Crónica Mexicáyotl*, p. 66.

porque allí se guarda mucha mentira,
y muchos en ellas han sido tenidos por dioses.[22]

La visión mexica de su propio tiempo y espacio sagrados, tenía por raíz tradiciones que entonces "se enderezaron" para que "no anduviera torcida la tierra", y se corrigieron muchas mentiras. A la historia, enriquecida y repensada con propósitos nuevos —entre ellos los de engrandecimiento político—, pertenece mucho de lo que hoy conocemos gracias a códices y otros textos.[23] Ello abarca, en distintos grados, difíciles de precisar, el conjunto de los mitos y relatos sobre los tiempos primigenios, desde la salida de Aztlan Chicomóztoc hasta la realización de la profecía en Tenochtitlan. Asimismo comprende lo que se tiene ya como más ajustada narración histórica en la vida de los mexicas, a partir de su establecimiento en el islote.

Lo primigenio y portentoso, inherente a esta expresión mítica, penetró en la conciencia mexica, la motivó hondamente y, como en un espejo, le mostró aquéllo que podía esperar si aceptaba su destino. Los mitos se convirtieron así en "un prólogo en el cielo" que da sentido y apoyo al propio ser. El mexica —nos dicen varios testimonios— no tenía rostro a los ojos de otros pueblos. La realidad comenzó a cambiar cuando los seguidores de Huitzilopochtli se sintieron dueños de un destino fincado en sus orígenes y predestinación. La palabra del mito es motivación. El pensamiento recrea el propio pasado, según se quiere que haya sido, y tiñe con él su presente. Sociedad, economía, organización política, arte y religión, todo se transforma en función de esa imagen intencionada y vigorosa del pasado que trae y

---

22 *Códice Matritense de la Real Academia de la Historia,* fol. 192 v.

23 Quienes crean que todo esto supone en los mexicas —o en quien así los presenta— menosprecio por la que era su historia, harán bien en plantearse esta pregunta: ¿es concebible que, si se tiene en poco a la historia, surja el afán de destruir lo que se considera falso y se pretenda recrear otra imagen del pasado? Los que quisieron suprimir antiguos testimonios tal vez estimaban más la importancia de la historia que los ingenuos que de ello se admiran y sólo saben externar condenaciones.

justifica el destino de grandeza de la nación mexica en Mesoamérica. En resumen, es atributo de los seguidores de Huitzilopochtli forjarse un pasado a la medida de lo que pretenden llegar a ser.

Veamos ya —atendiendo al dicho de los cronistas— cuál es la secuencia de esta historia, "corregidas las mentiras", según lo proclama el texto que citamos del *Códice Matritense*. El nacimiento de Tenochtitlan implicaba en sí mismo la apertura de un espacio y tiempo sagrados. Allí, en ese espacio, debía elevarse el gran templo a Huitzilopochtli, y allí, a través de ceremonias y sacrificios, al tiempo de las fiestas, tenía que reactualizarse la palabra portentosa del mito, prenuncio y entrega de un destino incomparable, superior al de todos los otros pueblos de Anáhuac.

El templo de Huitzilopochtli, corazón del espacio sagrado

Cumplida la promesa de Huitzilopochtli, es ya obsesionante preocupación corresponderle, emprendiendo la edificación de su templo, por pobre y pequeño que fuera en un principio. Oigamos lo que sobre esto dice Tezozómoc:

> Y en seguida fueron a vender y a comprar. Luego regresaron, vinieron hacia acá con piedras y madera, la madera era pequeña y delgada. Y con esta madera, nada gruesa, toda ella, la madera delgada, con ella cimentaron con estacas, a la orilla de una cueva, así echaron las raíces del poblado, el templo de Huitzilopochtli.

Representación esquemática del gran recinto sagrado de Tenochtitlan. Arriba la pirámide principal, con sus dos santuarios. Al lado izquierdo de ella la fecha 5–Cuetzpalin; a la derecha, 5–Calli. A uno y otro lado dos figuras que levantan un bastón con insignias a modo de portaestandartes. En lo más alto, por encima de los santuarios, la imagen de Huitzilopochtli con la xiuhcóatl *en su mano derecha. En el centro, abajo del templo mayor, el de Quetzalcóatl, el* tzompantli *y, más abajo, el* teotlachco, *juego de pelota. A ambos lados distintas edificaciones: a la izquierda el* calmécac *y otro templo; a la derecha el* temalácatl *y un templo; este último probablemente representa, en ese rumbo del gran recinto, a varios santuarios menores.* Codice Matritense del Real Palacio, *fol. 269 r.*

46

El adoratorio aquél era pequeñito. Cuando se vio la piedra, cuando se vio la madera, en seguida, empezaron, apuntalaron, el adoratorio.[24]

Por su parte Huitzilopochtli, para mostrar su complacencia, habló a sus sacerdotes. Les hizo saber como su destino suponía que se extendieran por los cuatro cuadrantes del mundo, precisamente a partir del corazón de la futura ciudad, desde allí donde se levantaba su templo, espacio sagrado por excelencia:

Escucha, oh Cuauhtlequetzquí, oh Cuauhcóatl,
establecéos, haced partición,
fundad señoríos,
por los cuatro rumbos del mundo . . .[25]

A otros corresponde seguir el hilo de la historia, fijándose en los procesos en función de los cuales se fue transformando la nación mexica. Existen investigaciones, desde luego perfectibles, en torno a temas como la etapa de sujeción de los mexicas a los señores de Azcapotzalco, su enfrentamiento con ellos hasta alcanzar su independencia y dar principio a su grandeza, con sus aliados de Tetzcoco y Tlacopan. Temas, asimismo, en parte indagados pero dignos de más penetrante estudio, son, por ejemplo, los que abarcan los reinados de cada uno de los *huey tlatoque*, desde Itzcóatl hasta Motecuhzoma Xocoyotzin, o sobre las conquistas y sistemas de dominación, impuestos, tributación y comercio, modos y relaciones de producción, técnicas alcanzadas, estratificación social, etcétera. Por mi parte, según lo enuncié al principio, me limito a lo que tengo por esencial complemento de lo hasta aquí visto.

Hablamos del universo de los mitos en torno a Huitzilopochtli y su familia divina, siempre en relación con una Tenochtitlan profetizada y a la vez ya con una cierta exis-

24 Alvarado Tezozómoc, *Crónica Mexicáyotl*, pp. 73-74.
25 Alvarado Tezozómoc, *op. cit.*, p. 74.

tencia primigenia en el pensamiento divino. Interesa ahora ver de qué modo los mexicas quisieron tener siempre presente su destino. ¿Cómo el universo de sus mitos —con la figura clave de Huitzilopochtli— se convierte en realidad tangible, plantada en tiempo y espacio, en el corazón de la ciudad, allí donde está su centro de expansión hacia los cuatro rumbos del mundo?

Aunque en cierto modo toda Tenochtitlan nace y existe en tiempo y espacio sagrados, ello es sobre manera cierto en lo que toca al recinto del templo mayor. Al fijarnos en éste no vamos a hacerlo repitiendo los diversos testimonios que mencionan cuántas veces, cuándo y cómo se reedificó, siempre con mayor suntuosidad. Tampoco habrá que aducir aquí lo que consta por la arquelogía o por inferencias derivadas de algunas fuentes. Importa valorar en qué sentido, precisamente en ese templo, vino a plasmarse el universo del mito primordial acerca de Huitzilopochtli, raíz y prenuncio del destino de los mexicas.

Varias representaciones en códices como el *Borbónico*, el *Azcatitlan*, el *Vaticano A* y el *Matritense del Real Palacio*, muestran, de manera estilizada, algunas de las edificaciones principales, incluidas en ese gran recinto del templo mayor. Recordemos tan sólo las extraordinarias dimensiones del mismo —más de "doscientas brazas por lado", al decir de los informantes de Sahagún es decir cerca de 400 m.—, en suma aproximadamente dieciséis hectáreas, limitadas en sus cuatro costados por muros almenados con efigies de serpientes, *coateopantli*. En los textos en náhuatl, recogidos por Sahagún, se dice que había allí en conjunto 78 edificaciones, entre santuarios propiamente dichos, escuelas, sitios para el baile, la penitencia, los baños rituales, lugares para varios *cuauhxicalli*, el gran *tzompantli* y otros menores, el *temalácatl* (rueda de piedra para el enfrentamiento con el cautivo), el *tlacochcalco*, "casa de los dardos", otras construcciones para los que desempeñaban determinados cargos, pequeñas casas nombradas *caltontli* de los *calpulli*, así como dos juegos de pelota, el *Teotlachco*, delante de la pirámide de Huitzilopochtli y Tláloc, y el *Tezcatlachco*, "lugar del juego de pelota del espejo".

Cuatro entradas —hacia cada uno de los rumbos del mundo— constituían el acceso al gran recinto de los templos. De hecho esas puertas eran el arranque de los ejes viales, las calzadas, comunicación de Tenochtitlan con la tierra firme: al norte hacia el Tepeyácac, al poniente a Tlacopan y al sur a Iztapalapa. Respecto del oriente, la entrada miraba en dirección del embarcadero, frente al rumbo de Tetzcoco. De ese modo el gran recinto era punto central de convergencia en la ciudad y a la vez de proyección de lo sagrado hacia todos los cuadrantes de la tierra.

En el templo, que se menciona siempre como consagrado a Huitzilopochtli, en lo más alto de la pirámide, había dos habitaciones o santuarios. Se rendía en ellas culto a Huitzilopochtli y Tláloc. La existencia de tal dualidad se nos presenta muy en consonancia con el pensamiento religioso de los nahuas que concebían a sus dioses, incluyendo sobre todo a su deidad suprema, dualísticamente. Sin embargo, hay que reconocer que, por muy grande que fuera el culto que se rendía allí a Tláloc, tal cosa no disminuyó en la conciencia de los mexicas la persuasión de que, fundamentalmente, era ese el templo de adoración a Huitzilopochtli. Cuantas veces se habla de él en los textos, se le menciona como "el templo de Huitzilopochtli".

Coatépetl, lugar de portentos, en Tenochtitlan

Citaré un testimonio del Tezozómoc en su *Crónica Mexicana*, elocuente en el contexto de que tratamos. Se refiere éste a lo que expresó Motecuhzoma Xocoyotzin, a propósito del que llama "templo nuevo" en honor de su dios. Su intención era que las gentes sometidas a Tenochtitlan trajeran cautivos para que fueran allí sacrificados. He aquí sus palabras, en las que sobresalen dos términos con los que Motecuhzoma designa al templo de Huitzilopochtli:

Quiero que sepáis, hermanos y principales míos...
Con la gente que trajeron de presa de los pueblos,
celebraremos el templo nuevo que se ha acabado de

50

Una representación del templo mayor según el Manuscrito de Tovar, *fol. 122, lámina 20.*

labrar, que es el Coatépetl y Coateocalli,
templo de dios, nuevo...[26]

Coateocalli significa "casa de una comunidad de dioses", o según lo tradujo Diego Durán, "casa de diversos dioses". Expresamente nos dice éste cuál era el sentido de tal templo:

> Parecióle al Rey Montezuma que faltaua un templo que fuese conmemoración de todos los ydolos que en esta tierra adorauan, y movido con celo de religión mandó que se edificase, el qual se edificó contenido en el de Vitzilopuchtli, en el lugar que son agora las casas de Acevedo: llámanle Coateocalli, que quiere decir Casa de diversos dioses, a causa que toda la diversidad de dioses que auía en todos los pueblos y prouincias, los tenían allí allegados dentro de una sala, y era tanto el número dellos y de tantas maneras y visajes y hechuras, como los habrán considerado los que por esas calles y casas los ven caydos...[27]

El *Coateocalli*, casa de diversos dioses, guardaba estrecha relación con Huitzilopochtli, el gran dios que enriquecía su destino, sometiendo a tantas otras deidades. Ahora bien, el otro vocablo empleado es *Coatépetl*. Este era precisamente el nombre, Montaña de la Serpiente, del lugar donde —según vimos— hacía penitencia Coatlicue, donde ella quedó encinta, nació Huitzilopochtli, fue atacado por Coyolxauhqui y los Centzon Huitznahua. Allí ellos quedaron luego vencidos por Huitzilopochtli que se apropió de sus destinos como prenuncio de las victorias que había de alcanzar su pueblo. Al designar Motecuhzoma Ilhuicamina con los nombres de Coatépetl y Coateocalli al templo nuevo que precisamente se erguía en ese espacio sagrado evocó el mito del tiempo primigenio cuando se realizó el portento del nacimiento de Huitzilopochtli. Y su evocación y concepto habrían de perdurar. Una sola muestra de ello aduciré, tomándola del *Códice Florentino* (folio 108 r.). Habla dicho texto acerca de quienes, en la fiesta de Panquetzaliztli, subían a lo más

26 Alvarado Tezozómoc, *Crónica Mexicana*, p. 455.
27 Durán, *op. cit.*, t. I, p. 456.

alto del templo de Huitzilopochtli, *niman ye ic tleco yn icpac Coatepetl, in umpa ca Huitzilopochtli*: "luego suben a lo alto del Coatepetl, allí está Huitzilopochtli". Otros testimonios afortunadamente han llegado hasta nosotros que confirman e ilustran todavía más el sentido que tuvieron las palabras de Motecuhzoma Ilhuicamina.

Coyolxauhqui, los Huitznahua y Coatlicue en el templo de Huitzilopochli

Nos situamos ahora en un momento cercano a la consagración que del mismo templo, ampliado y renovado, iba a hacer Ahuítzotl. Sobre lo que entonces dijo el Cihuacóatl, consejero del supremo gobernante o *huey tlatoani*, tenemos los testimonios de Tezozómoc y Diego Durán, derivados ambos probablemente de la llamada "Crónica X". Transcribo lo que consigna Tezozómoc:

Llamó Cihuacóatl a todos los mayordomos, y preguntóles si había entre todos los tributos abundancia de ropas para los señores comarcanos y los mexicanos. Dijeron que estaban represados tributos de dos años. Dijo Cihuacóatl: pues todo cumplimiento hay en eso. Hizo llamar luego a los embajadores para que fuesen a Acolhuacan y Tlalhuacpan, Tacuba y los demás pueblos comarcanos para que viniese gente, y subiesen los dioses, signos y planetas del templo alto, que llaman Tzitzimime, y asentáronlos alrededor del dios Huitzilopochtli y le pusieron al dicho Huitzilopochtli en la frente un espejo relumbrante; también añadieron una diosa más, a imitación de la hermana de Huitzilopochtli, que se llamaba Coyolxauh, pobladora de los de Mechoacán, como al principio dijimos de esta relación: asimismo los antiguos deudos y abuelos que vinieron primero de las partes de Aztlán Chicomóztoc, Mexitin, Chaneque, la antigua casa de donde descienden... y de los otros llamados Tzohuitznahua (Centzon Huitznahua), los cuales estaban en piedras, figurados con rodelas, alrededor del cerro del templo.[28]

28 Alvarado Tezozómoc, *Crónica Mexicana*, p. 300.

Gracias a este texto vemos que, así como en lo más alto del templo, en uno de los dos santuarios, estaba la efigie de Huitzilopochtli, también se colocó, más abajo, una imagen de Coyolxauhqui, la diosa vencida, decapitada y desmembrada. Y al igual que ha hablado el cronista acerca de los *Tzitzimime* o seres nocturnos tenidos como maléficos, menciona otras efigies "de los antiguos deudos y abuelos que vinieron primero de las partes de Aztlán Chicomóztoc". Acto continuo nombra a los Centzon Huitznahua, los Cuatrocientos Surianos , de los que comenta que "estaban en piedras, figurados con rodelas, alrededor del cerro del templo". Concibiendo precisamente al templo de Huitzilopochtli como un *cerro*, o como lo había dicho Motecuhzoma Ilhuicamina, como *Coatépetl*, Montaña de la Serpiente, lógico era que no sólo estuviera allí Huitzilopochtli, sino que también se representaran las imágenes de aquéllos que en el momento de su nacimiento se hallaron también en Coatépetl, aun cuando fuera como enemigos suyos, Coyolxauhqui y los Huitznahua.

Una notable ausencia encontramos, sin embargo, en lo expresado por el Cihuacóatl. Nada hay en sus palabras en relación con Coatlicue. ¿Se hallaba ésta también en algún lugar prominente del templo de Huitzilopochtli? Por fortuna la respuesta la tenemos, proporcionada por uno de los soldados cronistas, Andrés de Tapia, que contempló el templo al entrar a la ciudad y nos dejó una descripción del mismo:

El patio de los ídolos era tan grande que bastaba para casas de cuatrocientos vecinos españoles. En medio dél había una torre que tenía ciento y trece gradas de a más de palmo cada una, e esto era macizo, e encima dos casas de más altor que pica y media, e aquí estaba el ídolo principal de toda la tierra.

De fuera de este hueco [del santuario de Huitzilopochtli] estaban dos ídolos sobre dos basas de piedra grande, de altor las basas de una vara de medir, e sobre estas dos ídolos de altor de casi tres varas de medir, cada uno; serían de gordor de un buey, cada uno; eran de piedra de grano bruñida, e sobre la piedra cubiertos de nácar, que es conchas en que las perlas se crían, e sobre este nácar pegado con betún, a manera de engrudo, muchas joyas de oro, e hombres e culebras e aves e historias hechas de turquesas pequeñas e grandes, e de esmeraldas, e de amatistas, por manera que todo el nácar estaba cubierto, excepto en algunas partes donde lo dejaban para que hiciese labor con las piedras. Tenían estos ídolos unas culebras gordas de oro ceñidas, e por collares cada diez o doce corazones de hombres, hechos de oro, e por rostro una máscara de oro, e ojos de espejo, e tenía otro rostro en el colodrillo, como cabeza de hombre sin carne.[29]

Particularmente lo dicho acerca del tamaño colosal de estas esculturas, la mención de las culebras ceñidas, los collares de corazones humanos y el cráneo en el colodrillo, no dejan lugar a duda de que, por lo menos una de estas esculturas, era precisamente la que conocemos como principal efigie de Coatlicue. A un estudio de Jorge Gurría Lacroix debemos un más detenido esclarecimiento de lo que expresó Andrés de Tapia en relación con estas estatuas.[30] Con suficiente claridad muestra Gurría Lacroix que dichas deidades, situadas junto al santuario de Huitzilopochtli, eran la ya mencionada Coatlicue y la que mucho más tarde se descubrió, en lugar cercano a donde se levanta el templo de Huitzilopochtli, otra representación afín a la de Coatlicue, conocida con el nombre de Yollotlicue, "la de la falda de corazones", que se conserva también en la Sala Mexica del Museo Nacional de Antropología.

Coatépetl, "Montaña de la Serpiente", plástica representación, en un espacio sagrado, del mito del nacimiento de Huitzilopochtli era, sin duda, el templo principal a él erigido en el corazón de la metrópoli mexica. En lo más alto está el dios que ha nacido y se apresta a la lucha, si se quiere el sol

---

29 "Relación de Andrés de Tapia", *Crónicas de la Conquista*, Introducción, selección y notas de Agustín Yáñez, México, Biblioteca del Estudiante Universitario, 1950, p. 69-70.

30 Gurría Lacroix, Jorge, "Andrés de Tapia y la Coatlicue", *Estudios de Cultura Náhuatl*, Instituto de Investigaciones Históricas, México, 1978, v. XIII, p. 23-34.

Coyolxauhqui (la recientemente descubierta)

Coatlicue

Yolotlicue. Museo Nacional de Antropología. Sala Mexica. Vista de costado.

Coyolxauhqui (la cabeza que se conserva en el Museo Nacional de Antropología).

Una xiuhcóatl en piedra

Una de las serpientes del templo mayor

que habrá de imponerse sobre la luna y todas las estrellas. También es el dios que va a apropiarse de los *tonalli*, destinos, de todos aquéllos con los que va a combatir. A uno y otro lado de Huitzilopochtli, la representación de la diosa madre: Coatlicue-Yollotlicue. Más abajo, igual que había quedado en la ladera de la Montaña de la Serpiente, la imagen de Coyolxauhqui, decapitada, desmembrada. La pieza recientemente encontrada corresponde plenamente al testimonio que nos conservan Tezozómoc y Durán. Quizás más tarde se esculpió la otra Coyolxauhqui, la encontrada hace ya mucho tiempo, conservada ahora en el Museo Nacional de Antropología. Las efigies de los Centzon Huitznahua, "en piedras, figurados con rodelas, alrededor del cerro del templo", es decir de los Cuatrocientos Surianos a los que varias veces hizo dar vueltas, persiguiéndolos, Huitzilopochtli, no han sido descubiertas por los arqueólogos. No hay razón, sin embargo, para poner en duda lo expresado por los cronistas. Recogen ellos las palabras del Cihuacóatl. Es posible que dichas piedras o hayan sido destruidas después de la conquista o aparezcan, por lo menos alguna de ellas, si se prosiguen las excavaciones. Falta algo, en cambio, que no consignan estos textos. Nos referimos a las *Xiuhcóatl*, serpientes de fuego, arma de que se valió Huitzilopochtli para vencer a sus enemigos. Conocemos su existencia porque precisamente, desde hace años, fueron descubiertas en lugar muy cercano al del templo de Huitzilopochtli. Se encuentran asimismo en el Museo de Antropología.

Coatépetl, "Montaña de Serpiente", "cerro del templo", corazón de Tenochtitlan, evocación plástica del mito primordial, esto y seguramente mucho más era el llamado templo de Huitzilopochtli. Constituía, en una palabra, el ámbito por excelencia, meollo mismo de un espacio sagrado.

El teotlachco al pie del templo de Huitzilopochtli

A otra edificación en particular hay que hacer aquí referencia. Por diversos testimonios, entre ellos la representación que ofrece el *Códice Matritense del Real Palacio*, en el folio 269 recto, se sabe que frente a la gran pirámide, más hacia el

La piedra recientemente descubierta en el Templo Mayor, en la que aparecen dos cabezas de Tláloc superpuestas con el cuerpo a manera de deidad descendente.

poniente, dejando en medio un amplio espacio abierto, se levantaba el templo de Ehécatl-Quetzalcóatl con su santuario cilíndrico. Por el sitio que ocupaba dentro del gran recinto sagrado, dicho templo, aunque mucho más pequeño que el de Huitzilopochtli y Tláloc, mostraba la importancia que mantenía el culto en honor del dios símbolo de la sabiduría y a la vez de la suprema dualidad. Quetzalcóatl, además de significar "Serpiente preciosa o de plumaje de quetzal", connota la idea de *"cuate*, mellizo o doble precioso". Al *Códice Florentino*, en uno de los *huehuetlatolli*, "antigua palabra", debemos un texto que precisamente corrobora la identificación de Quetzalcóatl con *Ometecuhtli-Omecíhuatl* "Señor-Señora de la dualidad". Dice el texto:

Fue por merecimiento del señor, príncipe nuestro, Quetzalcóatl, el que inventa a los hombres, el que los hace; así lo dispuso el Señor, la Señora de la dualidad. *(Codice Florentino*, folio 120 r.)

A través de Quetzalcóatl, con atributos de "inventor y hacedor de los hombres", deidad vinculada con Ehécatl, el viento, quedó así a la vez implantada en el espacio sagrado la presencia del dios invisible, *Yohualli, Ehécatl*, "noche, viento", el supremo dios dual, *Ometeotl*.

Ahora bien, en función del mismo eje central, más hacia el poniente, se hallaba el principal juego de pelota, el *teotlachco*, "divino o auténtico lugar del juego de pelota". Significativa era la localización del mismo, justo como primera edificación, una vez traspuesta la puerta del poniente en el gran recinto sagrado y asimismo ámbito que antecedía al templo de Quetzalcóatl y a la principal pirámide, el Coatépec de Huitzilopochtli. Algunos de los ritos y sacrificios que se celebraban en este *teotlachco*, sobre todo los correspondientes a la décimaquinta veintena del año solar, durante la fiesta de Panquetzaliztli, ponen de manifiesto que dicho lugar del juego de pelota, implicaba un complemento de enorme interés, en el simbolismo del Coatépec, la "Montaña de la Serpiente". Los informantes de Sahagún —en el ya citado *Códice Matritense del Real Palacio*— refieren, como vamos a verlo al

Fiesta de Panquetzaliztli, "acción de levantar banderas" según el Códice Matritense del Real Palacio, *fol. 252 v. Arriba aparece Huitzilopochtli con la* xiuhcóatl *y un escudo; sobre el templo de la izquierda, una bandera. Otras llevan en las manos varios guerreros. Cuatro sacrificadores sostienen a la víctima ofrecida al dios. Otro sacerdote aparece junto al templo de la izquierda. En la penúltima fila inferior, a la derecha, dos cautivos pintados de blanco con tiza; en el centro y a la izquierda, dos sacerdotes: uno con su bolsa ritual y el otro con un haz de leña, del cual salen vírgulas de fuego. Abajo tres danzantes. Movimiento implica la escenificación de esta fiesta en la que Paynal, la imagen de Huitzilopochtli, hacía de prisa largo recorrido.*

ocuparnos en seguida de la fiesta de Panquetzaliztli, que en el *teotlachco* se sacrificaba a los Centzon Huitznahua.

Traigamos a la memoria la que hemos presentado como primera versión del mito del triunfo de Huitzilopochtli en Coatépec. Según lo vimos, estando allí los mexicas, Coyolxauhqui y los Huitznahua quisieron malaconsejarlos, haciéndoles contrariar los designios de su dios. Fue entonces cuando, antes de que amaneciera, bajó Huitzilopochtli y, en un mítico *teotlachco* que allí existía, dio muerte a sus adversarios. Ese enfrentamiento, de sentido astral en sus orígenes, enriquecido luego con la nueva significación que le adjudicaron los mexicas, es el que se evoca en el espacio sagrado del templo. De ese modo las dos maneras de portento que tuvieron lugar en Coatépec, se acercan plásticamente en el gran santuario de Tenochtitlan.

Fiesta de Panquetzaliztli en el tiempo sagrado de Tenochtitlan

Ahora bien —tratándose de categorías tan estrechamente relacionadas—, así como los mitos se tornan presentes en un espacio sagrado, también se reactualizan en lapsos determinados que constituyen un tiempo por igual sagrado. La reactualización es entonces teatro viviente, fiesta y ceremonia en la que todos participan. Varios testimonios nos dejan ver esto. Me fijaré aquí en uno, de grande interés y al que acabo de aludir, incluido en el *Códice Matritense* que recoge lo dicho en náhuatl por los informantes de Sahagún. Se trata de la relación acerca de las ceremonias y ritos que tenían lugar en la citada fiesta de Panquetzaliztli, dentro del calendario solar de los mexicas.[31] El significado de la palabra Panquetzaliztli

---

31 La versión más antigua de los textos en náhuatl acerca de las fiestas se conserva en el *Códice Matritense del Real Palacio* (volumen VII en la edición de Francisco del Paso y Troncoso). Lo referente a la Panquetzaliztli se halla en los folios 110 r.-115 r.

Puede consultarse asimismo la transcripción incluida en el *Códice Florentino*. Ver: *Florentine Codex, General History of the Things of New Spain*, Book 2, The Ceremonies, Edited and translated by Arthur J. O. Anderson and Charles E. Dibble, Santa Fe, N. Mexico, The School of American Research and the University of Utah, 1951, p. 130-139.

es "se alzan banderas". El tiempo sagrado de esta fiesta estaba dedicado, más que el de ninguna otra, a Huitzilopochtli. Por cierto que en el texto náhuatl de la que se conoce como "Relación breve de las fiestas", en los *Primeros Memoriales*, reunidos por Sahagún, la descripción de la Panquetzaliztli se inicia con las siguientes palabras: *icuac tlacatia in Huitzilopochtli*, "era cuando nacía Huitzilopochtli".[32] Como vamos a verlo, entonces efectivamente se reactualizaba el meollo del portento que había ocurrido en Coatépec, la Montaña de la Serpiente.

Volviendo ahora al texto más amplio, de los dos incluidos en el *Matritense*, encontramos información sobre el comienzo de la fiesta con la danza y el canto en honor del dios. El texto da el nombre del himno que entonces insistentemente se entonaba. Dicho canto se conocía con el nombre de Tlaxotecáyotl, voz derivada de *tlaxotla*, "arder algo, arder la tierra". Según esto, el sentido de Tlaxotecáyotl parece ser el de "el conjunto de atributos de aquél que da calor a la tierra". Cabe añadir aquí —según lo notaron ya Eduard Seler y Angel María Garibay— que el primero de los himnos sagrados que se incluyen también en el *Códice Matritense* parece ser precisamente el Tlaxotecáyotl, o sea el canto que se entonaba en la fiesta de Panquetzaliztli. Como veremos, en este canto hay expresiones que iluminan el sentido del tiempo sagrado en que se reactualiza el mito primordial de Huitzilopochtli.

La relación acerca de la fiesta habla luego de los preparativos para la misma, cómo se disponía a los esclavos que iban a ser sacrificados, cuáles eran los varios alimentos que se consumían en esa veintena de días.

Cuando al fin llegaba el día principal de la fiesta, muy de mañana, estando aún medio a oscuras, un sacerdote que traía consigo una imagen, la llamada de Paynal, descendía con rapidez desde lo más alto del templo de Huitzilopochtli. El nombre de Paynal se deriva del verbo *payna* que significa

---

32 "Primeros Memoriales", *Códice Matritense del Real Palacio*, fol. 252 v.
   Mencionaré asimismo el texto, también de grande interés, que acerca de la Panquetzaliztli, debemos a Diego Durán, *op. cit.*, t. II. p. 298-300.

"correr de prisa". *Paynani* es "el corredor", el que transmite de prisa un mensaje. *Paynal* vale tanto como "el que es llevado de prisa". Con tal vocablo se indicaba que precisamente, en su calidad de sustituto de Huitzilopochtli, su efigie iba a ser llevada de prisa por distintos lugares, bastante apartados entre sí, primero hacia el poniente, luego al sur, al oriente y al norte, en la región de los lagos.

Descendida la imagen, estando ya los sacerdotes en el patio sagrado, lo primero que se hacía era colocar a Paynal en el *teotlachco*, lugar del juego de pelota. Allí sacrificaban cuatro víctimas. Sus corazones eran luego ofrecidos a Paynal. Recordemos aquí un fragmento del texto al que antes hemos vuelto a aludir, en el que se habla de lo que hizo Huitzilopochtli en Coatépec, cuando Coyolxauhqui y los Centzon Huitznahua trataron de persuadir a los mexicas de que era ya en ese lugar donde debían fundar su ciudad. El texto de Tezozómoc nos dice que "en el propio lugar de Teotlachco... tomó Huitzilopochtli a la Coyolxauh, la mató, la degolló y le sacó el corazón..." y que allí mismo, "otro día muy de mañana —la fiesta de Panquetzaliztli se iniciaba también muy de mañana— se vieron los Centzon Huitznahua, todos los cuerpos agujereados, que no tenían ninguno de ellos corazón, que todos los comió Huitzilopchtli..."[33] Volvamos ahora a lo que consigna el *Códice Matritense:*

Y hecho esto, aquél que llevaba la figura de Paynal se iba de allí, se iba con gran prisa. Salía hacia Tlatelolco, de allí se dirigía a Nonoalco. En ese lugar lo recibía Cuahuitlícac, el que lo ayuda, su hermano mayor...[34]

Vale subrayar que en la fiesta de Panquetzaliztli se reúnen en un solo momento las dos diferentes actuaciones de Huitzilopochtli en Coatépec. Ya vimos cómo se ha evocado lo

33 Tezozómoc, *Crónica Mexicana*, p. 13.

34 *Códice Matritense*, fol. 112. v.

En este códice la fiesta de Panquetzaliztli se representa sólo por medio de la efigie del dios Huitzilopochtli. Códice Magliabecchi, pág. 43.

que obró el dios en el *teotlachco,* juego de pelota sagrado. Ahora el descenso de Paynal desde lo más alto del templo va a adquirir otro sentido. La vinculación se establece con el portentoso nacimiento del dios. Por ello se acerca a él Cuahuitlícac, uno de los Cuatrocientos Surianos, precisamente aquél que fue fiel al dios de los mexicas. Era él quien le informaba en la Montaña de la Serpiente acerca de la marcha de Coyolxauhqui y los otros Huitznahua que pretendían darle muerte.

El sacerdote portador de la imagen de Paynal —o tal vez un relevo de éste, ya que la ceremonia implicaba prisa extrema— se aparta de Cuahuitlícac y se dirige a otro lugar que se nombra Tlaxotla. Mencionamos el significado de este topónimo, "lugar de ardores, de calor intenso". Citaré en este punto el canto a Huitzilopochtli, el primero de la serie que recogió fray Bernardino. Es éste casi seguramente el llamado Tlaxotecáyotl. Lo que en sus primeras estrofas se dice explica en cierto modo la significación de lo que está ocurriendo en la fiesta. Huitzilopochtli ha nacido y va siguiendo su camino. El ha hecho salir al sol y ya se encamina a Tlaxotla, la región de ardores. He aquí la versión de las primeras estrofas:

Huitzilopochtli, el joven guerrero,
el que obra arriba, va andando su camino.
No en vano tomé el ropaje de plumas amarillas,
porque soy yo el que ha hecho salir al sol.
El portentoso, el que habita en región de nubes,
uno es tu pie,
el habitador de fría región de alas, ¡se abrió tu mano!
en Tlaxotla, en el muro de la región de ardores,
se dieron plumas, se van disgregando,
se dio grito de guerra,
ea ea, oh, oh,
mi dios se llama defensor de los hombres... [35]

35 *Veinte Himnos Sacros de los Nahuas,* edición y versión de Angel María Garibay K., México, Universidad Nacional, Instituto de Historia, 1958, p. 31.

69

La carrera de quien lleva a Paynal continúa todavía hacia el poniente. Llega a Popotla y allí son sacrificadas algunas víctimas. Luego se dirige al sur, a Chapultepec. Otra víctima le es ofrecida allí. Pasa luego Paynal por Tacubaya, Coyoacán, Huitzilopochco (Churubusco) y de allí, por Acachinanco, regresa a Tenochtitlan.

Dos grupos distintos aparecen mencionados como gente que actúa de modo antagónico a lo largo de la marcha de Paynal. Uno es el de los esclavos que han sido bañados, el otro recibe el nombre de "los Huitznahua", obvia evocación de los Centzon Huitznahua, cuatrocientos guerreros del sur. El texto añade que Motecuhzoma hacía que participaran algunos otros guerreros a los que había dado camisas acolchadas y escudos. La lucha se establecía, representándose en ella el modo como Huitzilopochtli persiguió, acosó y destruyó a sus hermanos los Huitznahua cuando, al nacer él, pretendieron matarlo. Justamente las estrofas finales del himno que hemos citado y que se cantaba en esta fiesta, hacen viva evocación de lo que había sido el portento obrado por Huitzilopochtli en la Montaña de la Serpiente, reactualizado ahora en la fiesta:

Ya prosigue, va muy vestido de papel,
el que habita en región de ardores,
en polvo, en polvo, se revuelve haciendo giros.
Los de Amantla son nuestros enemigos.
¡Ven a unirte a mí!
Con combate se hace la guerra,
¡Ven a unirte a mí!
Los de Pipiltlan son nuestros enemigos,
¡Ven a unirte a mí!
Con combate se hace la guerra,
¡Ven a unirte a mí![36]

Quienes han comentado este himno, particularmente Seler y Garibay, señalan las que parecen probables relaciones entre los nombres de lugar, Pipiltlan y Amantlan, mencionados en el himno, con otros de la región de los lagos por donde marchaba a toda prisa Paynal. En el caso de Tlaxotlan, más

---

36 Ver nota 35.

claramente se percibe su coincidencia con un lugar situado entre Nonoalco y Popotlan.

Tras llegar Paynal a Huitzilopochco (Churubusco) y continuándose las escaramuzas con los Huitznahua, se dirigía ya por la calzada de Iztapalapa hasta regresar, con la misma rapidez, al recinto del templo mayor. Se escuchaban entonces gritos que decían: "mexicas, ya viene". Se apartaban los que habían combatido, los Huitznahua y aquéllos que venían con ellos. La entrada al templo se hacía a través de la Cuauhquiáhuac, la puerta del águila. Dos jóvenes que venían también corriendo llevaban consigo sendos *Tlachialoni*, insignias adornadas con plumas, atributo de varios dioses, entre ellos de Huitzilopochtli, especie de mágico instrumento para contemplar cuanto sucedía en el mundo. Los que con tales insignias subían hasta lo alto del templo, podían hacer suya una imagen de Huitzilopochtli confeccionada con granos de bledo. Consumada así la entrada de Paynal, se iniciaba otra procesión alrededor del templo de Huitzilopochtli. Todas las víctimas que iban a ser sacrificadas daban una vez vuelta en torno a la pirámide. Cabe recordar aquí que, en el texto que preserva el mito del nacimiento de Huitzilopochtli, se dice que éste hizo dar vueltas en torno a Coatépec, la Montaña de la Serpiente, a los Centzon Huitznahua, a los que al fin destruyó.

Un elemento más, evocación también del mito portentoso, nos proporciona la relación de la fiesta de Panquetzaliztli. Dice que entonces se bajaba también de lo alto del templo a la Xiuhcóatl, la serpiente de fuego. Su lengua estaba hecha de plumas rojas y parecía como antorcha encendida. Su cola era de papel, de dos o tres manos de larga. Cuando descendía, venía como moviendo su lengua, como la de una serpiente verdadera.[37] El sacerdote que traía consigo a la Xiuhcóatl, se encaminaba luego al Cuauhxicalco y allí ponía en alto a la serpiente de fuego, dirigiéndola hacia los cuatro cuadrantes del mundo. El arma de Huitzilopochtli, con la que había decapitado a Coyolxauhqui, es ahora el símbolo del poder que ejercen los mexicas en los cuatro rumbos del mundo.

---

37 *Códice Matritense*, fol. 113 v.

Dejando en ese lugar a la Xiuhcóatl, subía luego el sacerdote a lo más alto del templo. Se escuchaba entonces la música de las flautas. De nuevo bajaba con gran prisa Paynal hasta el patio, delante del templo . Pasando ante el Cuauhxicalco, se colocaba al frente de los cautivos, como si viniera a guiarlos para que lo siguieran hasta lo alto del templo. Cuando los cautivos llegaban arriba —los que habían representado a los Huitznahua— eran sacrificados. De nuevo se escuchaba la música de las flautas.

El triunfo de Huitzilopochtli sobre todos los que a él se habían opuesto, sus hermanos los Huitznahua, las estrellas todas del cielo, se había vuelto a consumar. En el Çoatépetl, la Montaña de la Serpiente, templo el más grande de Tenochtitlan, el acontecer primigenio se había reactualizado dentro del tiempo y el espacio sagrado de los mexicas. Tal sentido cabe atribuir a la fiesta de Panquetzaliztli, según lo expuesto por el *Códice Matritense* y otros testimonios como el recogido por Diego Durán e incluido en su relación acerca de las fiestas.

Coatépetl, vía de acercamiento a los orígenes y realidades divinas

Sólo resta aludir brevemente a una leyenda, conservada por el mismo Durán, que deja entrever algo de lo que se pensaba en el México prehispánico sobre una posible relación portentosa con quienes han existido en el universo de los orígenes divinos, en espacio y tiempo primigenios. La leyenda atribuye a Motecuhzoma Ilhuicamina haber enviado una expedición hacia las llanuras del norte, precisamente en busca del mítico Coatépec, la Montaña de la Serpiente. El propósito era encontrar allí a Coatlicue y a algunos de los ancestros del pueblo mexica.

El relato dice que los enviados llegaron a un cerro "que se dice Coatépetl, que está en la provincia de Tula; allí todos juntos hicieron sus cercos e invocaciones . . ."[38] Un portento ocurre entonces. Coatépec —donde tantos aconteceres pri-

---

38 Durán, *op. cit.*, t. I, p. 221.

mordiales se habían desarrollado— es ahora puerta de entrada a una especie de más allá. Los "cercos e invocaciones" que hacen los enviados implican probablemente la acción mágica que abre el camino para lograr el encuentro buscado.

De súbito los enviados han pasado a donde se extiende una laguna grande, en medio de la cual está el cerro de Culhuacán. Aparecen luego algunos de los moradores de ese lugar. Habla a los enviados uno de los servidores de Coatlicue. Enterado de los deseos de los enviados de Motecuhzoma va a informar a Coatlicue. A pesar de ser ya muy viejo, el "ayo" o servidor va de prisa al cerro y empieza a subirlo. A medida que se acerca a la cumbre, se va rejuveneciendo. Ocurre luego el encuentro con Coatlicue. Quiere ella enterarse de lo que ha sido la existencia de los mexicas. Mucho se alegra de la grandeza que han alcanzado, pero también se duele de que, acostumbrados ahora a una vida más fácil, consumiendo comidas y bebidas artificiosas, se han vuelto gente blanduzca que, entre otras cosas, difícilmente alcanza ya larga vida. Tras el encuentro y el diálogo con Coatlicue, los enviados de Motecuhzoma se despiden y se disponen para regresar a Tenochtitlan. De nuevo es Coatépec, "la Montaña de la Serpiente", el lugar que, así como fue puerta de entrada hacia el universo del tiempo y espacio primigenios, es también ahora posibilidad de retorno. El regreso, a través del Coatépec, culminará con la llegada a Tenochtitlan, la relación a Motecuhzoma de lo sucedido y el ritual de acción de gracias ante el Coatépec, templo mayor de Huitzilopochtli, en el corazón de la ciudad.

El retorno mágico al universo del mito primordial, la reactualización del nacimiento y enfrentamiento portentosos en el espacio y el tiempo sagrados de Tenochtitlan, la expresión del mito que se tienen como prenuncio divino del *tonallí* o destino de los mexicas, todo ello proviene y converge a la vez desde y hacia un mismo foco de interés vital para el pueblo mexica. En la raíz de la cuestión es posible entrever necesidad de subsistir, anhelo de hacerse dueño de un rostro, trocarse de dominado en dominante, explciación de lo que se quiere haber sido, justificación del propio presente y, en fin, razón y motivo de ampliar cada vez más acción y predominio en el futuro.

EL MITO EN LA DIALECTICA DEL TODO SOCIAL

¿Fue este universo de mitos —anticipo de Tenochtitlan en el pensamiento del dios y reactualización perenne del portento de Huitzilopochtli en el espacio y el tiempo sagrados de la ciudad— respuesta en la conciencia mexica frente a su propia realidad, sociedad y economía, en un principio con existencia precaria y, entre otras cosas, sojuzgada? ¿De esa estructura, según prevalecía tal vez en Aztlan Chicomóztoc, o luego en tierras propiedad de Culhuacán o de Azcapotzalco, se derivó la necesidad de resituarse y, con ella, la elaboración o apropiamiento y adaptación de mitos en consonancia con el propio *tonalli* o destino? ¿O aconteció ello más tarde, al iniciarse ya la etapa del cambio radical —de dominado en dominante— cuando, quizás en los tiempos de Itzcóatl, vino a plasmarse todo ese gran conjunto de creencias?

¿Se desarrolló entonces la nueva versión de la propia historia? Me refiero a cuanto tan sutilmente se concatena, desde la inicial determinación de Huitzilopochtli que rescata a su pueblo, anticipa lo que será su nueva tierra y metrópoli, lo guía, vence a adversarios tan poderosos como las fuerzas de la noche —la luna-Coyolxauhqui, los Huitznahua-astros innumerables— se apropia de sus destinos y hace de ellos partícipes a sus seguidores. Y la secuencia abarca luego tras la realización de nuevo prodigio, el establecimiento en el lugar prometido, los dificultosos principios de Tenochtitlan, que culminan en su extraordinario desarrollo y poderío allí en la región de los lagos, y por los cuatro rumbos del mundo, escenario en función del cual se revive la vigencia de esta misma historia en un tiempo y espacio sagrados.

Difícil es precisar cuándo y cómo culminó la estructuración de mitos, creencias e historia, tal como nos la transmitieron los mexicas. En cambio es innegable que cualquiera que haya sido el origen y proceso, corto o largo, de su elaboración —obviamente con raíces en las condiciones en que se hallaba entonces la sociedad mexica—, a la postre tal universo de pensamiento influyó sobremanera y encauzó el desenvolvimiento de quienes se habían establecido en Tenochtitlan. Operó la dialéctica implícita en el todo social. Cuanto integra la estructura de sociedad y economía —incluyendo los motivos de apremio en el pueblo antes dominado— propició el recurso del pensamiento. Hizo éste suyos viejos mitos mesoamericanos y los acomodó luego, transformándolos en beneficio propio. Un ejemplo lo hemos visto en el caso del mito de los enfrentamientos de las deidades astrales en el juego de pelota.

El pensamiento mexica, motivado y enriquecido, revierte luego sobre la realidad plena del todo social al que pertenece. El pueblo sabe que, "en tanto que dure el mundo, así permanecerá el renombre, la gloria de México-Tenochtitlan". Está también persuadido de que su dios, Huitzilopochtli, el Sol, día a día, como lo proclama este poema:

Extiende y hace florecer a Tenochtitlan,
tiene sus ojos fijos en ella,
los tiene en medio del lago.
Se han levantado columnas de jade,
de enmedio del lago se yerguen,
es el dios que sustenta la tierra
y lleva sobre sí al Anáhuac . . . [39]

Con plena conciencia del propio destino a lo largo de las fiestas del año, y también en las distintas horas del día y de la noche, se rinde culto al sol. "Ha salido el Sol —entonaban los sacerdotes en el templo mayor— el que hace la luz y el calor, el niño precioso, águila que asciende. ¿Cómo seguirá su camino? ¿Cómo hará el día? ¡Dígnate hacer tu oficio y cumplir con tu destino, señor nuestro!"[40]

---

39 *Cantares Mexicanos*, fol. 67 r.

40 *Códice Matritense del Real Palacio*, fol. 271 v.

En verdad arraigado había quedado en la conciencia de los mexicas el pensamiento, apoyo de su ser nacional, aquello que según el cronista Chimalpahin,

... como se verá en los libros de años, Tlacaélel anduvo siempre haciendo, anduvo siempre persuadiendo a los mexicas, que su dios era Huitzilopochtli ..."[41]

Eco de la fuerza que llegó a tener tal persuasión lo ofrecen otros numerosos textos, poemas, himnos, relatos históricos o legendarios, así como algunos testimonios de cronistas indígenas que conocieron ya tiempos adversos, los de la dominación española. Citaré, como postrer ejemplo, el canto que recogió y conservó Alvarado Tezozómoc:

Aquí está la gran ciudad, México-Tenochtitlan,
en el lugar del renombre,
en el lugar que es ejemplo,
donde se yergue la tuna silvestre,
en medio del agua,
donde está erguida el águila,
donde el águila grita,
donde extiende sus alas,
donde devora su alimento,
desgarra la serpiente,
por donde nadan los peces,
en las aguas azules ...
en el lugar de la ajorca de plumas,
donde se encuentran, vuelven,
toda clase de gentes,
desde los cuatro rumbos del mundo ...[42]

La palabra del mito, la creencia que da raíces, el pensamiento con toda su fuerza, revirtió ciertamente en el todo social del mundo mexica. ¿Tenochtitlan y el pueblo de

---

41 Chimalpahin Cuauhtlehuanitzin, *Séptima Relación*, fol. 165 r.

42 Tezozómoc, *Crónica Mexicáyotl*, p. 4-5.

Huitzilopochtli habrían podido ser lo que fueron sin sus mitos, tradiciones, religión, visión del mundo y de sí mismos? Y nosotros, ¿qué malabarismos tendríamos que intentar para explicarnos la pujanza de los mexica-tenochcas si, por una razón o por otra, no tomáramos en cuenta el pensamiento en función del cual concibieron ellos mismos su identidad y su destino?

En el escenario del espacio y el tiempo sagrados de Tenochtitlan tansforman los mexicas en renovado presente su visión del mundo, historia cósmica, divina y humana, fundamento también de su ser y destino nacionales. Y a través de lo que así tuvo reactualizada presencia —en la plástica del espacio y la dinámica del tiempo sagrados— se abre un camino para acercarnos ahora al rostro y corazón de la cultura, según floreció en Anáhuac.

MITO DEL NACIMIENTO DE HUITZILOPOCHTLI
—VERSION DEL TEXTO NAHUATL—

Comienza el relato hablando de la portentosa concepción de Huitzilopochtli al introducirse una bola de plumas finas en el vientre de Coatlicue, que hacía penitencia en Coatepec. Al quedar Coatlicue encinta, sus otros hijos, Coyolxauhqui y los Cuatrocientos Surianos, se irritaron, considerando esto una deshonra. Quisieron entonces dar muerte a Coatlicue. Pero Huitzilopochtli confortaba a su madre, estando en su seno. Cuando los Cuatrocientos Surianos, guiados por Coyolxauhqui, se lanzaron a dar muerte a Coatlicue, entonces precisamente nació Huitzilopochtli. Ataviado con las insignias de guerra, cortó la cabeza y desmembró a Coyolxauhqui y venció a sus hermanos los Cuatrocientos Surianos.

Desde entonces Huitzilopochtli se apropió de sus atavios, sus adornos y destino. Así nació en la versión del mito, el dios de los mexicas y con él su fama de dios de la guerra. La fuerza de expresión de este poema parece recordar las grandes creaciones plásticas de los mexicas, en especial las extraordinarias esculturas de Coatlicue, madre de Huitzilopochtli y de Coyolxauhqui, la hermana de éste.

Mucho honraban los mexicas a Huitzilopochtli,
sabían ellos que su origen, su principio
fue de esta manera:

En Coatepec, por el rumbo de Tula,
había estado viviendo,
allí habitaba una mujer
de nombre Coatlicue.

Era madre de los cuatrocientos Surianos
y de una hermana de éstos
de nombre Coyolxauhqui.

Y esta Coatlicue allí hacía penitencia,
barría, tenía a su cargo el barrer,
así hacía penitencia,
en Coatepec, la Montaña de la Serpiente.

Y una vez,
cuando barría Coatlicue,
sobre ella bajó un plumaje,
como una bola de plumas finas.

En seguida lo recogió Coatlicue,
lo colocó en su seno.

Cuando terminó de barrer,
buscó la pluma, que había colocado en su seno,
pero nada vio allí.

En ese momento Coatlicue quedó encinta.

Al ver los cuatrocientos Surianos
que su madre estaba encinta,
mucho se enojaron, dijeron:

—*"¿Quién le ha hecho esto?*
¿quién la dejó encinta?
Nos afrenta, nos deshonra".

Y su hermana Coyolxauhqui
les dijo:

—*"Hermanos, ella nos ha deshonrado,*
hemos de matar a nuestra madre,
la perversa que se encuentra ya encinta.
¿Quién le hizo lo que lleva en el seno?"

Cuando supo esto Coatlicue,
mucho se espantó,
mucho se entristeció.
Pero su hijo Huitzilopochtli, que estaba en su seno,
la confortaba, le decía:

—*"No temas,*
ya sé lo que tengo que hacer".

Habiendo oído Coatlicue
las palabras de su hijo,
mucho se consoló,
se calmó su corazón,
se sintió tranquila.

Y entretanto, los cuatrocientos Surianos
se juntaron para tomar acuerdo,
y determinaron a una
dar muerte a su madre,
porque ella los había infamado.

Estaban muy enojados,
estaban muy irritados,
como si su corazón se les fuera a salir.

Coyolxauhqui mucho los incitaba,
avivaba la ira de sus hermanos,
para que mataran a su madre.

Y los cuatrocientos Surianos
se aprestaron,
se ataviaron para la guerra.

Y estos cuatrocientos Surianos,
eran como capitanes,
torcían y enredaban sus cabellos,
como guerreros arreglaban su cabellera.

Pero uno llamado Cuahuitlícac
era falso en sus palabras.

Lo que decían los cuatrocientos Surianos,
enseguida iba a decírselo,
iba a comunicárselo a Huitzilopochtli.

Y Huitzilopochtli le respondía:

—"Ten cuidado, está vigilante,
tío mío, bien sé lo que tengo que hacer".

Y cuando finalmente estuvieron de acuerdo,
estuvieron resueltos los cuatrocientos Surianos

a matar, a acabar con su madre,
luego se pusieron en movimiento,
los guiaba Coyolxauhqui.

Iban bien robustecidos, ataviados,
guarnecidos para la guerra,
se distribuyeron entre sí sus vestidos de papel,
su anecúyotl, sus ortigas,
sus colgajos de papel pintado,
se ataron campanillas en sus pantorrillas,
las companillas llamadas oyohualli.

Sus flechas tenían puntas barbadas.

Luego se pusieron en movimiento,
iban en orden, en fila,
en ordenado escuadrón,
los guiaba Coyolxauhqui.

Pero Cuahuitlícac subió en seguida a la montaña,
para hablar desde allí a Huitzilopochtli,
le dijo:

—"Ya vienen".

Huitzilopochtli le respondió:
—"Mira bien por dónde vienen".

Dijo entonces Cuahuitlícac:
—"Vienen ya por Tzompantitlan".

Y una vez más le dijo Huitzilopochtli:
—"¿Por dónde vienen ya?"

Cuahuitlícac le respondió:
—"Vienen ya por Coaxalpan".

Y de nuevo Huitzilopochtli preguntó a Cuahuitlícac:
—"Mira bien por dónde vienen".

En seguida le contestó Cuahuitlícac:
—"Vienen ya por la cuesta de la montaña".

Y todavía una vez más le dijo Huitzilopochtli:
—"Mira bien por dónde vienen".

Entonces le dijo Cuahuitlícac:
—"Ya están en la cumbre, ya llegan,
los viene guiando Coyolxauhqui".

En ese momento nació Huitzilopochtli,
se vistió sus atavíos,
su escudo de plumas de águila,
sus dardos, su lanza-dardos azul,
el llamado lanza-dardos de turquesa.

Se pintó su rostro
con franjas diagonales,
con el color llamado "pintura de niño".

Sobre su cabeza colocó plumas finas,
se puso sus orejeras.

Y uno de sus pies, el izquierdo era enjuto,
llevaba una sandalia cubierta de plumas,
y sus dos piernas y sus dos brazos
los llevaba pintados de azul.

Y el llamado Tochancalqui
puso fuego a la serpiente hecha de teas llamada Xiuhcóatl,
que obedecía a Huitzilopochtli.

Luego con ella hirió a Coyolxauhqui,
le cortó la cabeza,
la cual vino a quedar abandonada
en la ladera de Coatépetl,

El cuerpo de Coyolxauhqui
fue rodando hacia abajo,
cayó echo pedazos,
por diversas partes cayeron sus manos,
sus piernas, su cuerpo.

Entonces Huitzilopochtli se irguió,
persiguió a los cuatrocientos Surianos,

*los fue acosando, los hizo dispersarse
desde la cumbre del Coatépetl, la montaña de la serpiente.*

*Y cuando los había seguido
hasta el pie de la montaña,
los persiguió, los acosó cual conejos,
en torno de la montaña.*

Cuatro veces los hizo dar vueltas.

*En vano trataban de hacer algo en contra de él,
en vano se revolvían contra él
al son de los cascabeles
y hacían golpear sus escudos.*

*Nada pudieron hacer,
nada pudieron lograr,
con nada pudieron defenderse.*

*Huitzilopochtli los acosó, los ahuyentó,
los destruyó, los aniquiló, los anonadó.*

*Y ni entonces los dejó,
continuaba persiguiéndolos.*

*Pero, ellos mucho le rogaban, le decían:
—"¡Basta ya!"*

*Pero Huitzilopochtli no se contentó con esto,
con fuerza se ensañaba contra ellos,
los perseguía.*

*Sólo unos cuantos pudieron escapar de su presencia,
pudieron librarse de sus manos.*

*Se dirigieron hacia el sur,
porque se dirigieron hacia el sur
se llaman Surianos,
los pocos que escaparon
de las manos de Huitzilopochtli.*

*Y cuando Huitzilopochtli les hubo dado muerte,
cuando hubo dado salida a su ira,*

les quitó sus atavíos, sus adornos, su anecúyotl,
se los puso, se los apropió
los incorporó a su destino,
hizo de ellos sus propias insignias.

Y este Huitzilopochtli, según se decía,
era un portento,
porque con sólo una pluma fina,
que cayó en el vientre de su madre, Coatlicue,
fue concebido.

Nadie apareció jamás como su padre.

A él lo veneraban los mexicas,
le hacían sacrificios,
lo honraban y servían.

Y Huitzilopochtli recompensaba
a quien así obraba

Y su culto fue tomado de allí,
de Coatepec, la montaña de la serpiente,
como se practicaba desde los tiempos más antiguos.

(*Codice Florentino*, libro III, capítulo I.)

SEGUNDA PARTE:

LAS FUENTES ETNOHISTORICAS

Introducción

En varios códices, libros de Anáhuac, pueden mirarse las más antiguas representaciones del templo mayor de Tenochtitlan. Por otra parte, diversos textos en náhuatl, transcritos con el alfabeto latino, y los más recientes descubrimientos arqueológicos nos muestran la secuencia de tiempos, rica en creaciones de momentos distintos, en ese mismo espacio sagrado. Numerosos vestigios de estructuras que quedaron superpuestas y asimismo extraordinarias esculturas, bajorrelieves, pinturas y toda suerte de ofrendas integran el gran conjunto de lo que se ha encontrado. Quien contempla ahora el vasto espacio descubierto, disfruta de una perspectiva excepcional ya que puede abarcar en visión simultánea lo que subsiste de los rostros distintos del templo.

Dos realidades confieren integración plena a la variedad de estructuras y otros hallazgos de tiempos diferentes. Por una parte cuanto allí se contempla, con la riqueza de todos sus símbolos, perduró en el interior de una sola y más suntuosa reedificación, la que, superpuesta a todas las anteriores, se consagró algún tiempo antes de la Conquista. Por otra, los vestigios que hoy se miran de épocas diferentes, vuelven a ser aunada realidad al quedar todos a la vez expuestos a los mismos rayos del sol, el dios por el cual los mexicas transformaron y consagraron varias veces su templo.

Es cierto que no es fácil comprender de inmediato lo que han descubierto los arqueólogos. ¿De qué época provienen las estructuras que se muestran en el espacio abierto? ¿Puede mirarse allí algo del primer adoratorio pequeño, el apuntalado con estacas de madera, del que nos hablan los textos

89

indígenas? ¿Cabe contemplar al menos una parte del gran templo que vieron Moctezuma, Cuauhtémoc, Hernán Cortés y Bernal Díaz del Castillo?

Las varias estructuras, con lo que ha aparecido asociado a ellas, han de confrontarse con lo aportado por los libros indígenas y los textos en náhuatl que hablan de los enriquecimientos y consagraciones sucesivas del santuario de Huitzilopochtli y Tláloc. Cerca de dos siglos de intenso fervor religioso, inspiración de empresas de alcances guerreros y cósmicos y, en resumen, de afanes en un mundo rico en creación cultural, se tornarán un poco más comprensibles a quienes busquen en los antiguos testimonios, pinturas y relatos, la significación de los impresionantes hallazgos.

Hemos visto que el templo fue la reactualización plástica —cada vez más grande y suntuosa— de un primordial portento sagrado a partir del cual se configuró luego el destino del pueblo mexica. Portento primordial y destino dieron ser a la maravilla del gran templo que tanto asombró a los conquistadores hispanos. Ambito de mágica atracción, espacio sagrado desde donde ejercen su acción los dioses y cumplen su misión cósmica los hombres, lugar de convergencias divinas y humanas, todo esto y mucho más fue atributo del templo mayor. Descubierta ahora la entraña de sus superpuestas realidades espaciales, se propicia el acercamiento a la plenitud de su tiempo también primordial. Sobre ello versan los testimonios escritos que aquí van a ser objeto de atención.

TESTIMONIOS DOCUMENTALES ACERCA
DEL TEMPLO MAYOR

Numerosas fuentes escritas se conservan con información tocante al principal de los templos de México-Tenochtitlan. En ese conjunto de testimonios pueden introducirse algunas distinciones en razón de sus orígenes y contenido. Un primer grupo lo integran los libros o códices nativos, y con ellos los textos en náhuatl que, desde muy poco tiempo después de la Conquista, se transcribieron empleando ya el alfabeto latino. En otro apartado pueden situarse los testimonios de conquistadores, los soldados cronistas que contemplaron el templo de Huitzilopochtli y Tláloc. Forman un tercer agrupamiento las referencias, apoyadas casi siempre en la tradición indígena, recogidas por frailes misioneros y otros cronistas en sus trabajos históricos. Finalmente, aunque sólo sea para contrastar los testimonios de buena fuente con las suposiciones gratuitas, aludiremos a algunas representaciones fantásticas del templo mayor aparecidas en libros que se publicaron en Europa durante los siglos XVI y XVII.

Imágenes y relatos indígenas acerca del templo mayor

Varios libros con pinturas y glifos hablan del templo mayor y de sus antecedentes portentosos. *La Tira de la peregrinación*, manuscrito que preserva el Museo Nacional de Antropología de México, incluye en la primera de sus láminas una representación arquetípica del templo en Aztlan, Chicomóztoc, la patria original de los mexicas.[1] Tanto ese

---

1 *Tira de la Peregrinación* (o *Códice Boturini*), en Antonio García Cubas, *Atlas geográfico, estadístico e histórico de la República Mexicana*, México, 1858.

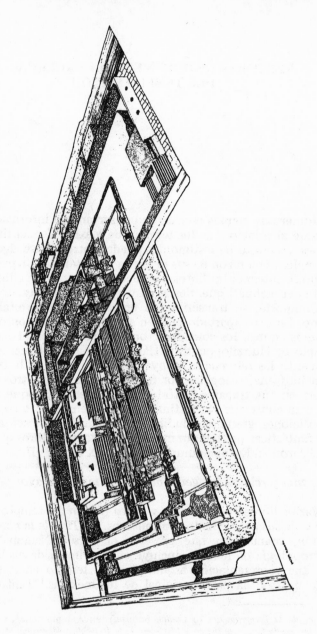

Excavaciones del Templo Mayor, según Eduardo Matos Moctezuma.

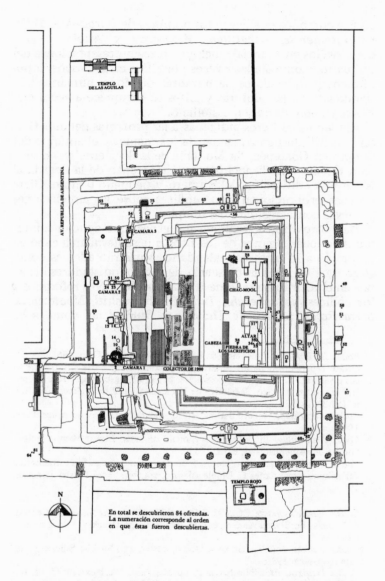

En total se descubrieron 84 ofrendas.
La numeración corresponde al orden
en que éstas fueron descubiertas.

Planta del Templo Mayor en sus varias etapas constructivas, según Eduardo Matos Moctezuma.

códice como los que llevan los nombres de *Borbónico, Telleriano-Remensis, Azcatitlan, Mexicanus* y *Aubin* —todos conservados en Francia— incluyen otras representaciones del santuario acompañadas a veces por glifos calendáricos, toponímicos o indicadores de nombres divinos y humanos.[2] El significado de las pinturas y glifos se enriquece a veces con glosas y comentarios en castellano.

Aluden estos libros indígenas a las profecías del dios Huitzilopochtli, la peregrinación de los mexicas, el anticipo del templo en Coatepec, 'la Montaña de la Serpiente' y, en relación directa con Tenochtitlan, el momento de la llegada al islote y la edificación del primero y pequeño templo. Otras noticias proporcionan estos códices sobre las ampliaciones y nuevas consagraciones del templo.

Hay otros libros, también indígenas, que ayudan asimismo a conocer algunos de los ritos que se llevaban a cabo en el templo a lo largo del calendario. Muestran además cómo vieron los mexicas la presencia de los conquistadores hispanos en el recinto sagrado de Huitzilopochtli. Nos referimos a los códices *Magliabecchi, Tudela, Ixtlilxóchitl, Moctezuma, Serra Rojas, Lienzo de Tlaxcala* y *Durán.*[3] así como a las

---

2   *Codex Borbonicus* comentario de Karl Anton Nowotny, Graz, 1968.
    Codex Telleriano-Remensis. Bibliothèque Nationale de París. En *Antigüedades de México* basadas en la recopilación de Lord Kingsborough. José Corona Núñez, editor, México, Secretaría de Hacienda y Crédito Público, 1964, t. I, p. 151-337.
    Códex Azcatitlan, Robert Barlow, editor. Société des Americanistes, Paris, 1949.
    Codex Mexicanus, Bibliothèque Nationale de Paris, Ernest Mengin, editor. Société des Americanistes, Paris, 1952.
    Codex Aubin, introducción, notas, índice, versión paleográfica y traducción del náhuatl por Charles E. Dibble, Madrid, ediciones José Porrúa Turanzas, 1953.

3   *Codex Magliabechiano,* CL XIII, 3 (B.R. 232), Biblioteca Nazionale Centrale di Firenza, Ferdinand Anders, editor. Akademische Druck-u. Verlagsanstalt, Graz, 1970.
    Códice Tudela, José Tudela de la Orden, editor, a v., Madrid, Ediciones Cultura Hispánica, 1980.
    Códice Ixtlilxóchitl, Bibliothèque Nationale, Paris, Ms. Mexicain 65-71, Jacqueline de Durand-Forest, commentator. Akademische Druck-u Verlagsanstalt, Graz, 1976.

pinturas que se incluyen, acompañadas de amplio texto en náhuatl, en los códices *Matritense y Florentino.* Estos dos últimos, debidos a los informantes indígenas de fray Bernardino de Sahagún, son una de las fuentes más apreciables para estudiar cómo eran los edificios del templo, las fiestas, atavíos de los dioses y sacerdotes, rituales y formas de culto.[4]

Otros documentos con amplios textos en náhuatl son los *Anales de Tlatelolco,* redactados en 1528,[5] la *Crónica mexicáyotl* de Hernando Alvarado Tezozómoc,[6] las varias *Relaciones* del cronista Chimalpahin Cuauhtlehuanitzin[7] y la *Historia de los mexicanos* del también mexica, Cristóbal del Castillo.[8] Los autores de estas fuentes se ocupan del descu-

---

Códice Moctezuma, Manuscrito n. 35-26 en la Colección de Códices México, Biblioteca del Museo Nacional de Antropología, s.f.
Códice Serra Rojas Manuscrito en colección privada, México, s.f.

4 *Códice Matritense del Real Palacio* (textos de los indígenas informantes de Sahagún), ed., facs. de Paso y Troncoso, vols. VI (2a. parte), VII y VIII. Madrid, Fototipia de Hauser y Menet, 1906-1907.
Códice Florentino (texto de los informantes de fray Bernardino de Sahagún), manuscrito 218-220 de la Colección Palatina, Biblioteca Medicea Laurenciana, 3 v., reproducción facsimilar, dispuesta por el Gobierno Mexicano, 1979.

5 *Anales de Tlatelolco: Unos Anales Históricos de la Nación Mexicana, Códice de Tlatelolco,* edición de Heinrich Berlin y Robert H. Barlow, México, Antigua Librería Robredo, 1948.

6 Fernando Alvarado Tezozómoc, *Crónica Mexicáyotl,* 2a. edición, traducción de Adrián León, México, UNAM, Instituto de Investigaciones Históricas. 1975.

7 Domingo Francisco de San Antón Muñón Chimalpahin Cuauhtlehuanitzin, *Diferentes historias originales de los reynos de Culhuacán y México y otras provincias,* el texto original en náhuatl se conserva en la Biblioteca Nacional de París, Manuscrito Mexicano, núm. 74.
Memorial breve acerca de la ciudad de Culhuacán, Biblioteca Nacional de París, Manuscrito Mexicano núm. 74.
Diario, Biblioteca Nacional de París, Manuscrito Mexicano núm. 220.
Sixième et Septième Relations (1258-1612), traducción del náhuatl al francés por Rémi Siméon, París, Maisonneuve, 1889.

8 Cristóbal del Castillo, *Fragmento de la obra sobre Historia de la venida de los mexicanos,* edición y versión de Francisco del Paso y Troncoso, Florencia, 1908.

brimiento del espacio sagrado, las reedificaciones del templo y su ruina al tiempo de la Conquista.

Testimonio de los cronistas conquistadores

En lo escrito por algunos conquistadores se encuentran las primeras imágenes, reflejo del asombro de quienes, desde un ángulo cultural muy diferente, contemplaron las realidades del mundo indígena. La lista de los conquistadores que escribieron, con propósitos y criterios muy variados entre sí, es bastante larga. Hay varias "relaciones de méritos y servicios", en las que, al dirigirse al rey para solicitarle mercedes, algunos conquistadores hicieron recordación de lo que vieron al tiempo de la Conquista. En esos relatos no es raro encontrar referencias al gran "*Cu* de Huichilobos", como solían llamar al templo mayor.

Aquí tomaremos en cuenta sobre todo los testimonios de tres personajes bien conocidos. El primero es, por supuesto, Hernán Cortés. Describió él en la segunda y tercera de sus *Cartas de Relación* lo que le significó ese "cu", donde fueron sacrificados algunos de sus hombres.[9] Andrés de Tapia, que actuó como capitán a las órdenes de Cortés, incluyó en su *Breve Relación* datos de grande importancia sobre las esculturas situadas en lo más alto del templo.[10] Finalmente, Bernal Díaz del Castillo mucho es también lo que aporta en su *Historia verdadera de la conquista de México*.[11] Las páginas en que habla del gran templo sobresalen por la fuerza de su expresión y han sido tenidas como descripciones clásicas del mismo.

---

9 Hernán Cortés, *Cartas y Documentos*, Introducción de Mario Hernández Sánchez Barba, México, Editorial Porrúa, 1963.

10 Andrés de Tapia, en *Crónicas de la Conquista*, edición de Agustín Yáñez, México, Universidad Nacional Autónoma de México.

11 Bernal Díaz del Castillo, *Historia verdadera de la conquista de la Nueva España*, 2 v., introducción y notas de Joaquín Ramírez Cabañas, México, Editorial Porrúa, 1955.

Los frailes cronistas

Apoyados casi siempre en los testimonios de sus informantes indígenas y también en ocasiones en su propia experiencia, varios frailes misioneros reunieron información para un más cabal conocimiento del recinto sagrado de Tenochtitlan. Por encima de todos se distinguió en esto fray Bernardino de Sahagún. En su *Historia general de las cosas de Nueva España* hay importantes referencias acerca del templo.[12] Por fortuna, además del texto en castellano de Sahagún, disponemos de los testimonios en náhuatl que le sirvieron de base. Muy valiosa es también la *Historia de las Indias de Nueva España* del fraile dominico Diego Durán.[13] Las ilustraciones que incluyó en ella y sus relatos basados también en testimonios indígenas son de fundamental importancia.

Otros autores con datos dignos de tomarse en cuenta sobre el templo mayor, son: fray Toribio de Benavente Motolinía en sus *Memoriales o libro de las cosas de la Nueva España y de los naturales de ella*;[14] fray Diego Valadés que, en su *Retórica Christiana*, publicada en 1579,[15] da cabida a una representación del templo; el célebre fray Bartolomé de las Casas, que al exaltar la religiosidad de los indígenas en su *Apologética Historia*, habla asimismo del gran santuario de los mexicas[16] y, finalmente, fray Juan de Torquemada, autor

---

12 Fray Bernardino de Sahagún, *Historia general de las cosas de Nueva España*, edición, notas y apéndices por Angel Ma. Garibay K., 4 v., México, Editorial Porrúa, 1956.

13 Fray Diego Durán, *Historia de las Indias de Nueva España*, Angel Ma. Garibay K., editor, 2 v., México, Editorial Porrúa, 1967.

14 Fray Toribio de Benavente (Motolinía), *Memoriales o libro de las cosas de Nueva España y de los naturales de ella*, edición y notas de Edmundo O'Gorman, México, Universidad Nacional Autónoma de México, Instituto de Investigaciones Históricas, 1971.

15 Diego Valadés, *Rhetorica Christiana*, Perusa, 1579.

16 Fray Bartolomé de las Casas, *Apologética historia sumaria, cuanto a las cualidades, disposición, descripción, cielo y suelo destas tierras, y condiciones naturales, policía, repúblicas manera de vivir e costumbres de las gentes des-*

de la *Monarquía indiana*[17] que alude, entre otras cosas, a los vestigios que contempló del templo cuando aún era joven y se paseaba por el centro de la ciudad de México.

Fantasías sobre el templo mayor publicadas en Europa en los siglos XVI y XVII

En contraste con este caudal de testimonios —códices y textos en lengua náhuatl, descripciones asombradas de los conquistadores y conjunto de noticias aportadas por los frailes— también desde tempranas fechas del siglo XVI comenzaron a difundirse en Europa otras noticias, acompañadas casi siempre de fantásticas representaciones de las realidades de los pueblos descubiertos y conquistados en el Nuevo Mundo. En ocasiones, extravagantes grabados que representaban ciudades, templos, ritos sangrientos y otras prácticas de los antiguos mexicanos, acompañaron textos tan importantes como el de las *Cartas de Relación* de Hernán Cortés. En otros casos tales grabados aparecieron en publicaciones como las que con tanta profusión sacó a luz el editor Teodoro De Bry.[18] Respecto del templo mayor de Tenochtitlan las extravagancias no conocieron límite. Así se le muestra a veces como estructura circular a la que se asciende por varias escaleras con una especie de templete sobre el cual se practican sacrificios de hombres. Otras veces es una torre muy alta en el centro de un amplio patio. Las figuras de los dioses se

---

tas Indias occidentales y meridionales cuyo imperio soberano pertenece a los reyes de Castilla, 3a. edición, 2 v., edición de Edmundo O'Gorman, México, Universidad Nacional Autónoma de México, Instituto de Investigaciones Históricas, 1967.

17 Fray Juan de Torquemada, *Monarquía indiana*, 7 v., edición preparada por el Seminario para el estudio de fuentes y tradición indígena, bajo la coordinación de Miguel León-Portilla, México, Universidad Nacional Autónoma de México, Instituto de Investigaciones Históricas, 1975-1979.

18 Theodor de Bry, *Warhafftige und eigentliche Abconterfeigung und Fürbildung aller fürnembsten Historien... diesem Amaricae oder der West Indianischen Historien gehandelt wird*, Frankfurt-Am-Main, 1601.

Representación fantástica del Templo Mayor, según Theodoro de Bry (fines del siglo XVI).

antojan a veces dragones que vomitan llamas o asemejan figuras humanas de descomunal altura, con rasgos europeos, armados de lanzas, flechas y extraños atavíos.

A pesar de todo, tales representaciones fantásticas confirman que, desde el siglo XVI, interesó a los europeos conocer el gran templo al que, en ambivalente actitud, se concebía como maravilla extraordinaria y a la vez horripilante.

CONVERGENCIA DEL TIEMPO PRIMORDIAL Y LA HISTORIA

Muchas fatigas hubieron de pasar los mexicas antes de llegar al islote de Tenochtitlan. Y más tarde, desde que se establecieron en él, en el año 2-Casa, 1325, todavía habrían de experimentar otra forma de dura servidumbre. En realidad su liberación sólo se lograría cuando, según vimos, consumaron su victoria sobre los tecpanecas de Azcapotzalco en 4-Caña, 1431.

La historia de los mexicas a partir de su salida de Aztlan Chicomóztoc la tenemos en sus códices y relatos. En ellos pervive la antigua tradición pero revisada ya por mandato de Itzcóatl y Tlacaélel al tiempo en que se hizo arder 'la mentira' y se reinventó la propia historia. Confrontando esa versión 'verdadera' de lo que fue el existir primordial de los ancestros con la narración de sucesos a partir del triunfo sobre Azcapotzalco, cabe percibir una sorprendente convergencia de enfoques. En aquello que se relata sobre un pasado lleno de portentos se descubre el fundamento de cuanto debe realizarse en el presente.

Por encima de todo la convergencia del tiempo primordial y la historia se centra en la figura de Huitzilopochtli. En relación con él —y lo que de él refieren los libros de pinturas— se van implantando conceptos y símbolos fundamentales en la cosmovisión y sentido de identidad mexicas. En gran medida es responsable de esto, quien llegó a desempeñar un papel clave como consejero de varios gobernantes supremos de Tenochtitlan:

El primero en la guerra, el varón fuerte, Tlacaélel, como se verá en los anales, fue el que anduvo haciendo el que

101

anduvo persuadiendo a los mexicas de que su dios era Huitzilopochtli[19].

En los libros y relatos en que por ese tiempo se trasmite la versión revisada y enriquecida del pasado, la figura de Huitzilopochtli se va engrandeciendo por momentos hasta que, según veremos, de dos maneras distintas, se describe allí su divinización. Y también en lo que toca a las sucesivas reedificaciones del templo mayor, es extraordinario la coincidencia entre lo que registran los códices sobre el acontecer primordial y un gran conjunto de símbolos que plásticamente van siendo incorporados en las nuevas reedificaciones del edificio sagrado. Tal convergencia de tiempos concebida por Tlacaélel, Itzcóatl y Moctezuma Ilhuicamina, mostraba en prospecto inequívoco de qué modo había de cumplirse el propio destino.

Primera deificación de Huitzilopochtli y su presencia en el templo

Códice y relatos describen lo que acaeció a quienes había dejado atrás Aztlan Chicomóztoc. Entre otras cosas, cruzar éstos un brazo de mar. Tiempo después llegan a Huehue-Colhuacan, es decir al antiguo Colhuacan. Tal sitio se recuerda como doblemente significativo. Es prenuncio del otro Colhuacan, desde donde los mexicas pasarán ya al interior de la laguna, al islote de Tenochtitlan. También es en Huehue-Colhuacan donde el sacerdote Huitzilopochtli termina su misión temporal de intermediario entre el pueblo y el portentoso Tetzauhtéotl. Huitzilopochtli culmina entonces su unión consubstancial con el portentoso.

Recoge el texto en náhuatl las palabras que pronuncia Huitzilopochtli a modo de despedida, y aquellas que afirma éste le han dirigido los dioses, en particular el que ha sido su guía. La revelación señala que, al morir Huitzilopochtli, "el dios portentoso penetrará en el interior de sus huesos, dentro de su cráneo, allí hablará." Huitzilopochtli, unido plenamente a la divinidad, seguirá así viviendo. Puestos sus huesos en

19 Chimalpahin, *Séptima Relación*, fol. 106, en Rémi Siméon, *op. cit., p. 106*.

una caja de piedra, cuando sean ya putrefacción, entonces lo que de ellos quede se pondrá en un envoltorio. Será ese el bulto que habrá de colocarse "en lo alto del adoratorio, en lo alto del templo . . ."[20]

Cada día te servirán allí en el templo —repite Huitzilopochtli lo que ha escuchado— te harán sahumerios con copal, harán ofrenda de fuego delante de ti, porque tú serás la representación viviente del principal, dios nuestro, el portentoso Tetzauhtéotl . . . Y cuando algo quiera el principal dios nuestro, el que tiene oficio de guerra, el dios portentoso, tú habrás de comunicárselo a aquellos que os sirvan, los ofrendadores, los sacerdotes, los de cabellera larga, los que ayunan; ellos habrán de decírselo, manifestárselo a todos los del pueblo . . .
Y nosotros —hablan ahora los dioses reunidos— a tí, Huitzilopochtli, te concedemos que te conviertas, seas tú, Tetzauhtéotl, el portentoso . . . así te llamaran a tí, Huitzilopochtli Tetzauhtéotl[21].

En el templo mayor de Tenochtitlan se cumplió cabalmente lo que, al decir de los libros y textos indígenas, había sido profecía de la deificación de Huitzilopochtli. Hasta el corazón del islote trajeron los *teomama*, 'cargadores del dios', el bulto objeto de adoración. El envoltorio fue el alma de lo que —a partir de la primera edificación del templo— se colocó en lo más alto: "Huitzilopochtli era una estatua de palo, entallada a la figura de un hombre, sentada en un escaño de palo azul, a manera de andas . . . vestido y enderezado estaba siempre puesto en un altar alto, en una pieza pequeña, muy cubierta de mantas . . ."[22]
El envoltorio o bulto, receptáculo del ser divino de Huitzilopochtli, en esa pieza "muy cubierta de mantas", no sólo recibía sahumerios y ofrendas de fuego, sino también sangre y corazones de hombres, de modo especial a partir de la victoria sobre los tecpanecas.

20 Cristóbal del Castillo, *op. cit.*, p. 70.

21 *Ibid.*, p. 70-71.

22 Diego Durán, *op. cit.* t. I, p. 18.

SUCESOS DE UN AÑO 4-CAÑA (1431)

Concuerdan el cronista Chimalpahin, los *Anales de Cuauh-titlan* y otras fuentes, al afirmar que en un año 4-Caña (1431), consumada la victoria de los mexicas sobre sus antiguos dominadores, los tecpanecas de Azcapotzalco, pudo establecerse como señor de Tetzcoco, Nezahualcóyotl, el sabio aliado de Tenochtitlan. También nos dicen esas fuentes que en ese año "se cumplieron cinco del gobierno de Itzcóatl en México-Tenochtitlan". Otro dato interesante es que, asimismo en 4-Caña, "murió en Tlachco [Taxco] el último gobernante tecpaneca, Maxtla", tras la derrota que le inflingieron los mexicas y sus aliados.

Escombros, huella de violenta destrucción, fue cuanto quedó, al concluir 4-Caña, de varios *teocalli*, templos edificados por los antes poderosos tecpanecas de Azcapotzalco. El *Códice Mendocino* (p. 5) ofrece la imagen de algunos de esos templos consumidos por el fuego. En la obtención de la victoria sobre los antiguos dominadores había tenido papel muy importante un sagacísimo consejero del señor Itzcóatl, al por mucho tiempo olvidado Tlacaélel.

Muchos cautivos tecpanecas fueron sacrificados, haciendo ofrenda de su corazón a Huitzilopochtli, el dios protector de la nación mexica. Su sacrificio se consumó en el templo que se erguía en el centro de Tenochtitlan. El edificio en honor de Huitzilopochtli y Tláloc, el dios de la lluvia, aunque no era muy grande, albergaba lo más preciado para los mexicas.

En lo más alto de su estructura piramidal truncada había un doble santuario, dos a modo de capillas, de Huitzilopochtli y Tláloc, ornamentadas con pinturas murales. Delante del santuario de Huitzilopochtli se hallaba el *téchcatl*, piedra no muy alta ni ancha, de superficie curva en la parte superior

105

que, como escribió el cronista Diego Durán (I, 32), "echado de espaldas encima della el que había de ser sacrificado, se doblaba de tal suerte que, en dejando caer el cuchillo encima del pecho, con mucha facilidad se abría un hombre por medio como una granada".

Ese templo —donde se sacrificó a los cautivos tecpanecas— había sido terminado años antes. Probable es que lo hubiera iniciado el primer soberano mexica, Acamapichtli (1376-1393), y concluido su sucesor, Huitzilíhuitl (1396-1416). ¿Es hoy posible identificar vestigios de ese templo entre las complejas estructuras, testimonio de las distintas reedificaciones, que han sido descubiertas por los arqueólogos?

Las excavaciones permiten contemplar, como núcleo más antiguo, la estructura hecha con piedra del templo que mantiene en pie su doble santuario. ¿Es éste el *teocalli* concluido por Huitzilíhuitl, gobernante acerca de quien nos dice un testimonio recogido por Durán que "tuvo gran cuidado del aumento de su ciudad"?[23]

Una cala hecha por los arqueólogos, precisamente a un lado del téchcatl o piedra de los sacrificios, delante del santuario de Huitzilopochtli, revela que, bajo ese piso, hay una escalinata que obviamente corresponde a una edificación más temprana. Y cabe suponer que, bajo los vestigios de esa escalinata, podrían quizás hallarse restos de otra construcción bastante más pobre y pequeña. Haberse topado con el nivel de las aguas freáticas y el riesgo de provocar un desplome en caso de pretender bombearlas, han impedido ulteriores pesquisas.

¿Se tendrá como algo verosímil afirmar que si Huitzilíhuitl mejoró su ciudad, se preocupó también por el templo de Huitzilopochtli, respecto del cual los sacerdotes, desde su entronización, le pidieron que "...asista y repare la casa antigua de *Tetzáhuitl* (el portentoso), el dios Huitzilopochtli"?[24]

Digna de tomarse en cuenta es una inscripción calendárica, empotrada en la superficie de la fachada posterior de la que

---

23 *Ibid.* t. II, p. 67.

24 Hernando Alvarado Tezozómoc, *Crónica Mexicana*, México, Editorial Leyenda, 1944, p. 12.

fue la siguiente más amplia reedificación del templo. En dicha inscripción se lee la fecha *4-Acatl*, (4-Caña, 1431). Parece ella indicar que, de un modo o de otro, debe relacionarse con Itzcóatl (1426-1440) la reedificación que cubrió por completo el templo al que hemos estado atendiendo, el que conserva sus dos santuarios. Este último, por tanto, deberá tenerse como anterior al varias veces mencionado año 4-Caña (1431).

Es también de creer que dicho templo con restos del doble santuario, sea anterior a la victoria sobre Azcapotzalco, pues difícilmente pudo ser construido al tiempo de la guerra. Ello hace pensar en "la casa antigua y reparada del dios Huitzilopochtli", obra concluida por Huitzilíhuitl. Otros dos indicios hay en apoyo de esto. Uno es que, como en las más antiguas estructuras del templo de Tenayuca, las fachadas laterales, en vez de estar en talud, aparecen verticales. El otro hecho es la pobreza de las ofrendas asociadas a este primer templo. En ningún caso hay ofrendas comparables con las de edificaciones posteriores, cada vez más ricas, incluso con objetos de territorios lejanos, conquistados por los mexicas.

Una noticia, al parecer pertinente en este contexto, nos ofrecen los *Anales de Cuauhtitlan*. Tratando de los antecedentes de la guerra contra los tecpanecas, refieren que Chimalpopoca (sucesor de Huitzilíhuitl, de 1416 a 1426), se preocupó por ampliar el templo. Sólo que fue entonces —dice el testimonio indígena— cuando los tecpanecas vinieron a dar muerte a Chimalpopoca: "se acercaron cuando los de Tenochtitlan querían hacer más grande la casa de Huitzilopochtli"[25]. ¿Es un vestigio de ese intento de reedificación violentamente interrumpido, la tosca fachada, según parece nunca terminada, descubierta por los arqueólogos como frustrado inicio de una nueva etapa constructiva?

En resumen, no siendo al parecer ni del periodo de Itzcóatl (con el cual se asocia la fecha adosada a la siguiente más amplia estructura del templo), ni tampoco del atormentado reinado de Chimalpopoca (muerto cuando quería agrandar

---

25 *Anales de Cuauhtitlán* edición de Primo Feliciano Velázquez, México, Universidad Nacional Autónoma de México, 1976, fol. 33.

la casa de Huitzilopochtli), resulta probable que el primer núcleo, el de los dos santuarios en pie, provenga de la época de Huitzilíhuitl (1396-1416). Al contemplarlo hoy bien puede recordarse como algo verosímil que allí se celebraron la victoria sobre los antiguos dominadores de Azcapotzalco y los comienzos en la vida independiente de los mexicas.

El momento en que se reinventó la historia

Otros acontecimientos de suma importancia tuvieron también lugar muy cerca de ese más antiguo templo hecho ya de piedra. Por una parte se concedió títulos de nobleza y se entregaron insignias a quienes se habían distinguido en la guerra de Azcapotzalco. Tlacaélel asumió el título de *Tlacochcálcatl*, 'Señor de la casa de los dardos'. Quien más tarde llegaría a ser famoso, Moctezuma Ilhuicamina, recibió el de *Tlacatéccatl*, especie de comandante de los ejércitos aztecas. Asimismo, verosímilmente cerca del templo, se puso en práctica otra medida que afectó nada menos que a los antiguos libros de pinturas, los códices en que se conservaba la historia. Lo que entonces ocurrió lo refiere así el *Códice Matritense:*

> Se guardaba su historia. Pero, entonces fue quemada; cuando reinaba Itzcóatl, en México.
> Se tomó una resolución, los señores mexicas, dijeron: no conviene que toda la gente conozca las pinturas. Los que están sujetos (el pueblo), se echarán a perder y andará torcida la tierra, porque allí se guarda mucha mentira, y muchos en ellas han sido tenidos por dioses.[26]

Fue esta una quema de códices, ejecutada por los mexicas menos de un siglo antes de las que ordenaron asimismo los españoles. ¿Poco aprecio por la historia? En realidad conciencia plena de su importancia política y social que mueve a elaborar una nueva versión "más conveniente" y más ajustada a los propios designios de un pueblo recién liberado. Suprimir la antigua "mentira" es la justificación de la quema.

---

26 *Códice Matritense, op. cit.*, fol. 192 v.

Los textos y códices que han llegado hasta nosotros —los que hemos descrito como fuentes al alcance— nos trasmiten, por tanto, el relato que los mexicas, guiados por el sagaz Tlacaélel, concibieron acerca de su propia historia. En ella su dios Huitzilopochtli es figura central. Profecía, destino y realización de portentos, se entrelazan. Tierra prometida, templo y culto de resonancias cósmicas, serán los temas recurrentes, con la relación de otros hechos, como entronizaciones y guerras de conquista, cuya significación se deriva siempre de la visión mexica del mundo.

UN TEMPLO CADA VEZ MAS GRANDE Y SUNTUOSO

Volvamos al año 4-Caña (1431), el que se registra en la piedra adosada en la fachada posterior de la reedificación del templo en el periodo de Itzcóatl. Muerto entonces el tirano Maxtla, se consumó precisamente en ese año la victoria sobre Azcapotzalco. Una serie de transformaciones comienzan a implantarse en la sociedad mexica: reparto de tierras, otorgamiento de títulos de linaje y poder, quema de códices y reinvención de la historia. En esta última se continúa el registro de acontecimientos, se nombran los muchos lugares por donde pasaron los mexicas desde su salida de Coatepec, se narra el último enfrentamiento de un hijo de Malinalxóchitl (la misma Coyolxauhqui), el nombrado Cópil, que al fin fue vencido en Chapultepec. Luego se describe la estancia en Culhuacan, la precipitada huída, el cumplimiento de lo anunciado por Huitzilopochtli y la fundación de México-Tenochtitlan.

Se inició entonces —en medio de privaciones y teniendo que vivir como tributarios de Azcapotzalco— un prolongado esfuerzo constructor. La razón de él era dar cumplimiento al pacto hecho en Aztlan con el dios portentoso. Los mexicas habían aceptado ser su pueblo, adorarlo y extender su dominio por los cuatro rumbos del mundo. En Tenochtitlan había de permanecer para siempre el envoltorio portador de la fuerza divina de Huitzilopochtli. Un templo, cada vez más grande y suntuoso había de albergarlo.

Una primera etapa constructiva es la que arranca con la llegada de los mexicas al islote y la erección de "una casita" hecha, como dice el relato, "con miseria, con pobreza".

No sabemos si, desde los comienzos, se edificó junto al santuario de Huitzilopochtli otro dedicado a Tláloc, dios de

111

la lluvia. Recordemos que el portentoso Huitzilopochtli era en su realidad original el mismo Tetzáhuitl Tezcatlipoca. Este era a su vez presencia cuatripartita —Tezcatlipoca rojo, negro, blanco y azul— en todos los rumbos del mundo, del supremo *Ometeotl*, el dios dual. En lo que toca a Tláloc, era él una antigua deidad agrícola en el ámbito de Mesoamérica: *Tajín* entre los totonacas, *Cocijo* para los zapotecas, *Chac* en el mundo maya... El acercamiento de Huitzilopochtli y Tláloc fue reafirmación de la dualidad divina, pero de forma nueva. Huitzilopochtli consigo llevaba la raíz dual de Tezcatlipoca. Su ser dual se enriquecía con el de quien en toda Mesoamérica era fecundador de la tierra.

Digamos al menos que en el *Códice Aubin*, en la página que muestra la llegada a Tenochtitlan, se representan dos casitas o *jacales* para hacer en ellas adoración. La primera de las etapas constructivas culminó probablemente con la edificación de un templo, una escalinata del cual ha sido descubierta al practicar una cala cerca del *téchcatl* (piedra de los sacrificios) en la estructura hoy visible con los dos santuarios en pie. Puede pensarse que abarca esa primera etapa desde 1325 hasta mediados del reinado de Acamapichtli.

Consecuencia de un segundo periodo en el proceso edificador parece ser justamente el mencionado templo con los dos santuarios. Interesante es consignar que en la escalinata del lado de Huitzilopochtli hay una fecha: 2-Conejo, que verosímilmente corresponde al año 1390. ¿Se trata de la fecha en que se concluyó el templo que se haya oculto y del que es un vestigio la otra escalinata descubierta por la cala? ¿O recuerda el año 2-Conejo la iniciación por Acamapichtli (1376-1396) del templo que concluiría Huitzilíhuitl (1396-1416)? Según lo insinuamos antes, en esta segunda etapa constructiva es perceptible una semejanza con las edificaciones realizadas por descendientes de chichimecas en Tenayuca. Sus paramentos verticales son muestra de ello. En Tenayuca y en Tenochtitlan la arquitectura sagrada era aún de modestas proporciones. Las ofrendas allí encontradas debemos repetirlo, son mas bien pobres.

Del frustrado intento de Chimalpopoca (1416-1426) por engrandecer el templo queda una tosca fachada cuya escalinata parece nunca fue terminada. Otras estructuras parciales dan testimonio de que el afán constructor nunca se interrumpe del todo. El que hemos descrito como templo relacionado con el periodo de Itzcóatl, estructura bastante más grande, que cubrió por completo las anteriores, se presenta como resultado de una tercera etapa. La fecha 4-Caña (1431) que ostenta su fachada posterior, se halla en un lugar que precisamente se corresponde con el de otra fecha, la de 1-Conejo (1454), inscrita en la siguiente estructura, la del templo que parece debe relacionarse con el reinado de Moctezuma Ilhuicamina (1440-1468). ¿Se trata de fechas que recuerdan el inicio de la nueva transformación del templo?

Informa Diego Durán, siguiendo una crónica indígena, que Moctezuma Ilhuicamina "en el tiempo que estuvo en paz y quietud, que fueron doce o trece años, servido, obedecido de todas las ciudades y provincias comarcanas, determinó de edificar [reedificar] el templo de su dios Huitzilopochtli..." La fecha inscrita 1-Conejo (1454), marca precisamente los catorce primeros años de su gobierno y fue además la de un año de hambruna que afligió a los mexicas. Las excavaciones arqueológicas muestran que, al reedificar el templo, Moctezuma Ilhuicamina dejó sepultados junto a la escalinata de la estructura anterior a un conjunto de figuras en piedra del tipo de las que se conocen como portaestandartes, ilustrados en algunas representaciones del templo, como los que hay en los códices *Matritense* y *Tovar*.

Asociadas a esta reedificación han aparecido ofrendas de considerable interés. En una de ellas se han encontrado restos de niños sacrificados, junto a representaciones del dios de la lluvia. ¿Se trata de una ofrenda especial que decidió conservarse para siempre con motivo de la hambruna del año 1-Conejo (1454)? Otro elemento que merece ser atendido es otra inscripción en la fachada sur de esta misma estructura. Aparece allí la fecha 3-Casa (1469). Coincide ésta con el año que siguió a la muerte de Moctezuma Ilhuicamina. Sabemos que entonces, en 3-Casa, fue entronizado Axayácatl (1469-1481).

Rasgo en común de las reedificaciones que hemos enumerado es que parecen haber sido concebidas siguiendo el modelo tradicional de otros muchos templos del antiplano central. No parece que en tales estructuras (las descritas por

113

Eduardo Matos Moctezuma como de las etapas constructivas 1, 2, 3 y 4)[27] se haya querido incorporar, al menos plenamente, el simbolismo del portento que ocurrió en Coatepec, para hacer así posible la reactualización del nacimiento y triunfo primordiales de Huitzilopochtli. Ello iba a corresponder a quienes, sin darse reposo, habrían de continuar ampliando y enriqueciendo, cada vez más, la casa de su dios portentoso.

27 Eduardo Matos Moctezuma *et alii, El Templo Mayor*, México Bancomer, 1981, p. 104 y siguientes.

DE AXAYACATL A MOCTEZUMA ILHUICAMINA

Nos dicen los libros de Anáhuac y otros relatos nativos que quienes fueron hijos de un hombre que nunca gobernó en Tenochtitlan, el príncipe Tezozomoctli, vástago a su vez de Itzcóatl, es decir los supremos gobernantes Axayácatl (1469-1481), Tízoc (1481-1486) y Ahuítzotl (1486-1502), dedicaron los tres mucho de su esfuerzo a engrandecer el templo de Huitzilopochtli. Recordemos ahora que en la fachada sur de la estructura que verosímilmente corresponde a la cuarta etapa constructiva (la que coincide con el reinado de Moctezuma Ilhuicamina), hay una piedra con la inscripción 3-Casa (1469). La presencia de tal fecha es de grande interés puesto que coincide con el año en que se entronizó Axayácatl, el primero en gobernar de los tres hijos del citado Tezozomoctli.

¿Significa dicha inscripción que en ese año, además de entronizarse Axayácatl, se concluyó esa más amplia reedificación del templo que había iniciado Moctezuma Ilhuicamina? Si no es posible responder a esta pregunta, parece al menos probable la afirmación de que deben tenerse como posteriores al año 3-Casa (1469) todas las ulteriores superposiciones que se han descubierto.

Los arqueólogos han sacado a luz tres estructuras (en un caso tan sólo vestigios de una de ellas) que, por recubrir tan sólo la fachada principal, han sido relacionadas con la etapa constructiva anterior, es decir la cuarta. ¿Son dichas adiciones, erigidas a modo de nuevas fachadas hacia el poniente, trabajos de ampliación ejecutados durante el reinado de Axayácatl? Consta acerca de éste que por todos los medios a su alcance se esforzó por mostrar a sus hermanos mayores (los que alcanzarían después de él igual rango de supremo

115

Placa empotrada en uno de los muros del Templo, con el glifo calendárico 1-Conejo (1454), en el reinado de Motecuhzoma Ilhuicamina.

116

Placa empotrada con el glifo del año 3-Casa (1469), principio del reinado de Axayácatl.

tlatoani, es decir Tízoc y Ahuítzotl), que a pesar de su juventud sabría distinguirse en beneficio del pueblo mexica.

Entre otras cosas, a Axayácatl se debió la victoria sobre los de Tlatelolco en 7-Casa (1473) y la definitiva incorporación a Tenochtitlan de dicha ciudad gemela. Es probable que para celebrar triunfos como ese dispusiera él ampliaciones en el templo mayor. El cronista Durán refiere específicamente que, al tiempo en que se aprestaba para la guerra de conquista contra los matlatzincas:

> ... estaba ocupado en labrar la piedra famosa y grande, muy labrada, donde estaban esculpidas las figuras de meses y años, días y semanas, con tanta curiosidad que era cosa de ver. La cual piedra muchos vimos y alcanzamos en la plaza grande, junto a la acequia; la cual mandó enterrar el ilustrísimo y reverendísimo señor, don fray Alonso de Montúfar, dignísimo arzobispo de México ...[28]

Dicha piedra, que no es otra sino la que se conoce como del 'Calendario azteca', (redescubierta mucho después en la misma Plaza Mayor, el 17 de diciembre de 1790), fue colocada por disposición de Axayácatl en el templo de Huitzilopochtli cuando, para dar gracias por el triunfo mexica en la guerra contra los matlatzincas, se celebró allí especial fiesta.

Tomando en cuenta el interés de Axayácatl por engrandecer el templo mayor, resulta verosímil pensar que a él se deban una o más de las fachadas que se han descubierto como adiciones a la estructura de la cuarta etapa constructiva.

Una nueva reconstrucción, que amplió la planta del templo mayor en sus cuatro costados y que elevó aún más la altura de sus dos santuarios, ha sido identificada por los arqueólogos. Es probable que se trate de la gran reconstrucción iniciada durante el breve reinado de Tízoc (1481-1486) y concluida por Ahuítzotl en 8-Caña (1487). Dos testimonios principales dan fe de esto. Uno se halla en la lápida conmemorativa de la dedicación del templo mayor, descubierta

---

28 Durán, *op. cit.*, t. II, p. 268.

en la antigua calle de Santa Teresa, es decir en el recinto del mismo templo. En ella aparecen las efigies de Tízoc y Ahuítzotl, así como la fecha del año 8-Caña (1487) y del día 7-Caña que, según Alfonso Caso,[29] correspondió ese año al vigésimo de la fiesta de Panquetzaliztli, en la que se reactualizaba el nacimiento de Huitzilopochtli. El otro testimonio se encuentra en el Códice *Telleriano-Remensis* (p. 18). Registra éste que en los años 4-Caña (1483) y 5-Pedernal (1484) se trabajaba en la gran reedificación. Al anotar que en 8-Caña (1487) se hizo su consagración, incluye en la página 19 los glifos que corresponden a Tízoc y Ahuítzotl.

De lo que fue la consagración del más suntuoso de cuantos templos se habían erigido en Tenochtitlan proporcionan noticias varios códices y cronistas. Las siguientes palabras de Durán dan en compendio una imagen de lo que fue la aglomeración de las gentes venidas para tal ocasión:

> Acudió a la ciudad de México gente que era cosa espantosa, que no cabía en las calles, ni en las plazas, ni en los mercados, que más parecían hormigas en hormiguero, todo enderezado a la majestad y aplauso de la fiesta y grandeza de México.[30]

Y así como el mismo Durán y otros cronistas expresan también el horror que les causó enterarse del número de víctimas que entonces se sacrificaran, no dejan por ello de externar su admiración ante lo que —según las fuentes que han consultado— fue la obra extraordinaria del nuevo templo.

Los afanes del último Moctezuma

El gran edificio en honor del portentoso Huitzilopochtli y de Tláloc fue todavía objeto de modificaciones parciales que, según parece, se realizaron durante los años inmediatamente anteriores a la Conquista. Prueba de esto último son

---

29 Alfonso Caso, *Calendarios prehispánicos*, México, Universidad Nacional Autónoma de México, Instituto de Investigaciones Históricas, 1967, p. 59.

30 Durán, *op. cit.*, t. II, p. 344.

los testimonios que hablan del interés que puso Moctezuma Xocoyotzin (1502-1520) en engrandecer el templo de Huitzilopochtli. Así, por ejemplo, Durán (II, p. 439) afirma que ordenó este soberano se construyera un templo para dar en él cabida a todos los dioses de cuya adoración tenían noticia, particularmente de las regiones sometidas a los mexicas. Dicho templo, nombrado *Coateocalli*, 'Casa de diversos dioses', según el mismo Durán, "se edificó contenido en el de Huitzilopchtli..." Moctezuma Xocoyotzin concibió luego otras formas de enriquecer el templo.

De una de ellas hablan los *Anales de Cuauhtitlan*.[31] Refieren que Moctezuma Xocoyotzin hizo venir al señor Tzompanteuctli de Cuitláhuac. Le dijo: "Me ha parecido necesario que sea de oro macizo la casa de Huitzilopochtli y que por dentro sea de jades y de plumas de quetzal. Para ello será necesario el tributo de todo el mundo". La misma fuente añade que Tzompanteuctli, que tenía dotes de agorero y que tal vez había oído rumores de la llegada por las costas de Anáhuac de extraños forasteros, lejos de aprobar lo dicho por Moctezuma, expresó que no era ya tiempo de tal cosa. El final del episodio lo consignan así escuetamente los mismos *Anales*: "Al oirlo, se enfureció Moctezuma y dijo a Tzompanteuctli: Vete y ten asco de tus palabras. De esta manera murieron Tzompanteuctli y sus hijos."

Tanto el testimonio sobre la edificación del *Coateocalli*, "contenido en el templo de Huitzilopochtli", como el propósito de enriquecer más que nunca el santuario del mismo dios portentoso, muestran que cabe adjudicar a Moctezuma Xocoyotzin por lo menos algunas de las edificaciones que aparecen como últimas adiciones en las estructuras que corresponden a la quinta etapa del templo.

Además del interés que tiene por sí misma la posibilidad de correlacionar los hallazgos de la arqueología con las fuentes de la tradición indígena, en nuestro acercamiento a las estructuras descubiertas, posteriores a la inscripción de la fecha 3-Casa (1469), hay otra razón de considerable importancia. Es en este conjunto de estructuras donde han apare-

---

31 *Anales de Cuauhtitlán, op. cit.*, fol. 61.

cido efigies como la de Coyolxauhqui (la del extraordinario bajorrelieve, en una explanada al pie de la estructura B de la cuarta etapa constructiva), así como dos cuerpos de serpientes que se extienden a lo largo de una parte de esa misma fachada y la cabeza policromada de otra serpiente, que marca el punto preciso de unión de los templos de Tláloc y Huitzilopochtli. Dentro ya del contexto de la quinta etapa hay asimismo otra representación de Coyolxauhqui, por cierto bastante dañada. Afortunadamente tales hallazgos no están privados de significación. En busca de ella debemos acudir a las fuentes de la tradición indígena.

LOS PRESAGIOS FUNESTOS Y
LOS HOMBRES DE CASTILLA

Motivo de gran disgusto para Moctezuma Xocoyotzin fueron, según hemos visto, las palabras que escuchó de Tzompanteuctli, cuando le dijo éste que no era ya tiempo de engrandecer el recinto sagrado de Huitzilopochtli y Tláloc. Pero si entonces se encolerizó el gran tlatoani, algún tiempo después otra forma de inquietud iba a embargar su ánimo. Angustioso fue para él tomar conciencia de extraños acaeceres, entre ellos algunos que se produjeron en el templo mayor y en sus inmediaciones. Refiere el *Códice Florentino* (Lib. XII, fol. 1 r.) que desde unos "diez años antes de venir los hombres de Castilla, se produjeron varios presagios funestos en el cielo". Primero fue una como espiga de fuego que parecía estar punzando en el cielo. Más tarde, y esto alarmó en mayor grado a Moctezuma Xocoyotzin y a los mexicas, se produjo otro presagio en verdad funesto en el templo mismo de Huitzilopochtli:

Sucedió aquí en México: por su propia cuenta se abrazó en llamas, se prendió en fuego, dicen que nadie le prendió fuego sino que por sí misma ardió la casa de Huitzilopochtli, ya arde..., de adentro salen hacia acá las llamas, las lenguas de fuego... rápidamente consumió el fuego el maderamen de la casa divina. Al momento hubo vocerío, con estruendo decían: ¡Mexicas, venid de prisa, se apagará, traed vuestros cántaros...! Pero cuando le echaban agua, cuando intentaban apagarlo, sólo se enardecía más, no se apagaba el fuego..."[32]

32 *Códice Florentino, op. cit.*, libro XII, fol 1 v- 2 r.

123

El mismo códice, que describe otros seis presagios funestos, incluye entre ellos el de un rayo que descargó de pronto sobre el templo de Xiuhtecutli. También ese rayo hizo arder la techumbre del santuario. Algunos decían que en realidad no había sido un rayo: "sólo fue un golpe del sol".

En ese mismo año 12-Casa (1517) comenzaron a recibirse noticias procedentes de las costas del mar inmenso que hablaban de la presencia de extraños visitantes que habían aparecido en barcas grandes como montañas. Los mensajeros referían asimismo que esos forasteros "eran gentes muy blancas, más que nuestras carnes, casi todos tenían larga barba", que usaban extraña indumentaria y parecían disponer de instrumentos capaces de lanzar grandes bolas de fuego. Tales noticias eran consecuencia de la primera aparición por las costas del Golfo de México, hasta la altura de Campeche, de la expedición comandada por Franciso Hernández de Córdoba.

Los que al principio pudieron tomarse como rumores pronto se convirtieron en informaciones acompañadas incluso de pinturas que confirmaban la presencia de seres nunca antes vistos. Algún tiempo más tarde, en el año 13-Conejo (1518), se supo de una nueva expedición que había tocado ya las costas de Chalchicueyecuan, en donde cerca de un año más tarde habría de fundarse la ciudad de Veracruz. Desde luego esas noticias se referían a la aparición de las embarcaciones y la gente que venían al mando de Juan de Grijalva.

En un año 1-Caña (1519) se supo de la llegada de un grupo más numeroso que había desembarcado en las mismas costas de Chalchicueyecuan. La fecha 1-Caña precisamente coincidía con la del signo calendárico atributo de Topiltzin Quetzalcóatl, el sabio señor que había gobernado a Tula y que había pronosticado su regreso por el oriente. La preocupación y la angustia de Moctezuma Xocoyotzin se acrecentaron. Lo que siguió a todo esto lo conocemos a través de los testimonios de los propios hombres de Castilla, entre ellos los de Hernán Cortés, Andrés de Tapia, Bernardino Vázquez de Tapia, Francisco de Aguilar y Bernal Díaz del Castillo. También varios sabios indígenas nos dejaron en las pinturas de sus codices y en varios textos redactados en náhuatl su propio testimonio: "La visión de los vencidos".

A uno y otro género de fuentes acuden cuantos se interesan por contemplar en doble espejo lo que fue el drama de la Conquista. Nuestro interés se circunscribe aquí a lo que dejaron dicho los conquistadores sobre el templo mayor de Tenochtitlan. Ya hemos citado la valiosa información que proporciona Andrés de Tapia sobre las esculturas que contempló junto al santuario de Huitzilopochtli en lo alto del templo. Ahora citaremos aquí al menos dos fragmentos, uno de la segunda *Carta de Relación* de Hernán Cortés y el otro de la *Historia verdadera* de Bernal Díaz del Castillo.

La contemplación asombrada del templo mayor

El 30 de octubre de 1520 remitió Hernán Cortés la segunda de sus *Cartas de Relación* a Carlos V. México-Tenochtitlan aún no había sido conquistada. Los españoles se encontraban en ella como huéspedes de Moctezuma. Cortés, entre las muchas cosas que comunica al emperador, le describe así la maravilla del gran recinto sagrado:

Hay en esta gran ciudad muchas mezquitas o casas de sus ídolos de muy hermosos edificios, por las colaciones y barrios de ella, y en las principales de ella hay personas religiosas de su secta...

Y entre estas mezquitas hay una que es la principal, que no hay lengua humana que sepa explicar la grandeza y particularidades de ella, porque es tan grande que dentro del circuito de ella, que es todo cercado de muro muy alto, se podía muy bien hacer una villa de quinientos vecinos; tiene dentro de este circuito, todo a la redonda, muy gentiles aposentos, en que hay muy grandes salas y corredores donde se aposentan los religiosos que allí están. Hay bien cuarenta torres muy altas y bien obradas, que la mayor tiene cincuenta escalones para subir al cuerpo de la torre; la más principal es más alta que la torre de la iglesia mayor de Sevilla... Y las capillas que en ellas tienen son dedicadas cada una a su ídolo, a que tienen devoción. Los bultos y cuerpos de los ídolos en quien estas gentes creen son de muy mayores estaturas que el cuerpo de un gran hombre . . .[33]

No es éste desde luego el único lugar en que Cortés describe el templo mayor, del que ha dicho que sus torres o santuarios le parecen más altos que la torre de la iglesia mayor de Sevilla. En la tercera *Carta*, posterior ya a la toma de la ciudad de México, vuelve a hacer recordación del gran templo de Huichilobos, entre otras cosas de la defensa que de él hicieron los mexicas. Siendo elocuentes sus palabras, de mayor fuerza aún nos parecen las de Bernal Díaz del Castillo que, ya viejo, recordaba con gala de detalles sus experiencias como conquistador, y entre ellas, la impresión que le causó el que llama "el gran cu de Uichilobos". El siguiente párrafo es muestra de lo que a este propósito escribió:

Y así dejamos la gran plaza... y llegamos a los grandes patios y cercas donde está el gran cu. Tenía antes de llegar a él un gran circuito de patios que me parecen que eran más que la plaza que hay en Salamanca, y con dos cercas alrededor de calicanto, y el mismo patio y sitio todo empedrado de piedras grandes, de losas blancas y muy lisas, y adonde no había de aquellas piedras estaba encalado y bruñido, y todo muy limpio que no hallaron una paja ni polvo en todo él . . .
Y entre nosotros había soldados que habían estado en muchas partes del mundo, y en Constantinopla y en toda Italia y Roma, y dijeron que plaza tan bien compasada . . . no la habían visto.
Y luego [Moctezuma] dijo que entrásemos en una torrecilla y apartamiento a manera de sala, donde estaban dos como altares, con muy ricas tablazones encima del techo, y en cada altar estaban dos bultos como de gigantes, de muy altos cuerpos y muy gordos, y el primero que estaba a mano derecha, dicen que era el de Uichilobos su dios de la guerra, y tenía la cara y rostro muy ancha y los ojos desformes y espantables... y otro ídolo pequeño que allí

---

33 Hernán Cortés, *op. cit.*, p. 75-76.

junto a él estaba, que dicen que era su paje... Lo que vimos a otra parte, de la mano izquierda... y éste era Tezcatepuca, el dios de los infiernos y tenía cargo de las ánimas de los mexicanos...

Y luego nos bajamos las gradas abajo, y como eran ciento y catorce y algunos de nuestros soldados estaban malos de bubas o humores, les dolieron los muslos del bajar... Paréceme que el gran circuito del gran cu sería de seis muy grandes solares, de los que dan en esta tierra, y desde abajo hasta arriba, adonde estaba una torrecilla, y allí estaban sus ídolos, ya estrechando, y en medio del alto cu, hasta lo más alto de él, van cinco concavidades de manera de barbacanas y descubiertas, sin mamparos...[34]

Dato de gran interés, que aporta también Bernal Díaz es el referente a algunos hallazgos hechos por los españoles, consumada ya la Conquista, en el recinto del templo mayor.

...Después que ganamos aquella fuerte y gran ciudad y se repartieron los solares, que luego propusimos que en aquel gran cu habíamos de hacer la iglesia de nuestro patrón y guiador Señor Santiago, y cupo mucha parte de la del solar del alto cu para el solar de la santa iglesia, de aquel cu de Uichilobos, y cuando abrían los cimientos para hacerlos más fijos, hallaron mucho oro y plata y chalchiuis y perlas y aljofar y otras piedras; y asimismo a un vecino de México, que le cupo otra parte del mismo solar, halló lo mismo, y los oficiales de la Hacienda de Su Majestad lo demandaban por que Su Majestad, que les venía de derecho, y sobre ello hubo pleito...[35] (Díaz del Castillo, p. 279-283).

Las palabras de asombro expresadas por capitanes como Hernán Cortés y Bernal Díaz del Castillo reflejan ciertamente la impresión que les causó la grandeza del templo mayor

---

34 Bernal Díaz del Castillo, *op. cit.*, t. I, p. 283.

35 *Ibid.*, t. I, p. 279-283.

de México-Tenochtitlan. En sus relatos dan cuenta de lo que fue para quienes venían del Viejo Mundo toparse con la nunca sospechada maravilla de esas edificaciones. Allí les pareció encontrar toda suerte de riqueza y hermosura, aunque no pudieron dejar de manifestar su honda repugnancia al contemplar que todo ello estaba al servicio de un culto que tuvieron no sólo como idolátrico sino como inspirado por el mismísimo Demonio.

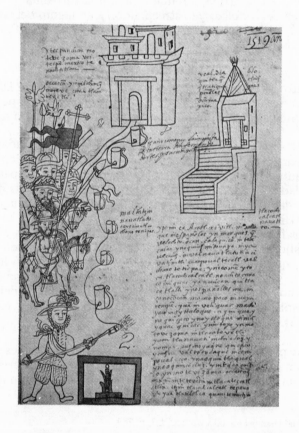

Los españoles frente al Templo Mayor. (Códice Serra Rojas, h.1).

LA DESTRUCCION DEL TEMPLO MAYOR

Lacónicamente consigna el texto indígena de los *Anales de la nación mexicana* que "En un año 3-Casa (1521), fue conquistada la ciudad. La fecha en que nos esparcimos, fue en la veintena de *Tlaxochimaco* [en la fiesta en que se hacen ofrendas de flores], en un día del calendario 1-Serpiente *(Anales de Tlatelolco*, fol. 36). Los mismos testigos de la Conquista que escribieron esos *Anales*, evocan también con hondo sentimiento el cuadro de la ruina de sí mismos y de su antigua metrópoli:

Todo esto pasó con nosotros. Nosotros lo vimos, nosotros lo admiramos, con esta lamentosa y triste suerte nos vimos angustiados.
En los caminos yacen dardos rotos, los cabellos están esparcidos. Destechadas están las casas, enrojecidos tienen sus muros. Gusanos pululan por calles y plazas, y en las paredes están los sesos.
Rojas están las aguas, están como teñidas, y cuando las bebimos, es como si bebiéramos agua de salitre. Golpeábamos, en tanto, los muros de adobe, y era nuestra herencia una red de agujeros.
Con los escudos fue su resguardo, pero ni con escudos puede ser sostenida su soledad.
Hemos comido palos de colorín, hemos masticado grama salitrosa, piedras de adobe, lagartijas, ratones, tierra en polvo, gusanos . . . Comimos la carne apenas sobre el fuego estaba puesta. Cuando estaba cocida la carne de allí la arrebataban: en el fuego mismo, la comían . . .[36]

---

36 *Visión de los vencidos*, edición de Miguel León-Portilla, versión de textos nahuas de Angel Ma. Garibay K., México, Universidad Nacional Autónoma de México, 1985, p. 154. (Biblioteca del Estudiante Universitario 81).

Afín a este testimonio indígena es lo que escribió fray Toribio de Benavente Motolinía, el sincero fraile llegado a Tenochtitlan en 1524. Con sus propios ojos contempló mucho de lo que ocurrió en los años que inmediatamente siguieron a la Conquista. Ello lo movió a consignar en sus *Memoriales* muchas de las muchas desgracias con que se vieron afligidos los indígenas. Así dio como título al segundo capítulo de sus *Memoriales* el siguiente: "Cómo esta tierra fue herida de diez plagas muy más crueles que las de Egipto". Entre esas diez plagas incluyó los infortunios que agobiaran a los indígenas al tener que derribar lo que aún quedaba en pie de México-Tenochtitlan —de modo especial el templo mayor— y tener luego que reedificar la ciudad al gusto ya de los hombres de Castilla. En lo que toca específicamente a la destrucción del templo, tras mencionar Motolinía que muchas construcciones del culto idolátrico fueran quemadas y derribadas, describe cuál fue el destino de lo que quedó de ellas, entre otras cosas las piedras que sirvieron de cimiento a las iglesias cristianas.

Para hacer las iglesias comenzaron a echar mano de sus *teocallis*, para sacar de ellos piedra y madera, y de esta manera quedaron desollados y derribados; y los ídolos de piedra, de los cuales había infinitos, no sólo escaparon quebrados y hechos pedazos, pero vinieron a servir de cimientos para las iglesias; y como había algunos muy grandes, venían lo mejor del mundo para cimiento de tan grande y santa obra.[37]

Además de testimonios como éste de Motolinía, cabe citar otros de frailes que, de un modo o de otro, tuvieron noticia cierta de la grandeza del templo mayor y de lo que a este sucedió después de la Conquista. Fray Juan de Torquemada recoge en primer lugar lo expresado por Bernardino de Sahagún acerca de la magnificencia del templo. Recuerda que el propio fray Bernardino había hecho pintar una reproducción del gran santuario que se tuvo "por cosa muy digna

---

37 Toribio de Benavente (Motolinía), *op. cit.*, p. 35.

Destrucción del Templo Mayor Códice Moctezuma, Biblioteca Nacional de Antropología.

de ver" y que, a su decir, ponía de manifiesto "la excelencia y grandeza de este memorabilísimo templo", y añade luego como fruto de su propia experiencia que:

Yo me acuerdo haber visto, ahora ha treinta y cinco años, parte de estos edificios en la plaza, a la parte de la iglesia mayor, que me parecían cerrillos de piedra y tierra, los cuales fueron consumiendo en los cimientos del edificio de Dios y de su iglesia nueva; la cual se va haciendo ahora muy sumptuosa, que quiso su Magestad Santísima hacer al Demonio y ministros suyos, que le puesiesen en aquel lugar parte de los materiales con que se había de cimentar su templo, permitiendo que antes por algunos años se gloriase en los maleficios que en él se hacían, para que después de su total caída y ruina conociese que sólo Dios es el verdadero Señor de todo lo criado . . .[38]

De esta suerte —como se desprende de lo escrito por hombres como Motolinía y Torquemada— mucho de lo que era el templo mayor "se fue consumiendo" para la edificación de otros santuarios, erigidos esta vez como lugar de adoración del Dios de los vencedores. A no dudarlo pronto desaparecieron así todas las estructuras superiores y la mayor parte de la fachada del templo mayor y de los otros templos del gran recinto sagrado. Tan sólo los arranques de los paramentos en talud y de las escalinatas —sobre todo de las estructuras que corresponden a etapas anteriores al periodo de Moctezuma Xocoyotzin— escaparon a la destrucción simplemente porque sobre ellas se acumularon piedras y toda clase de escombros. Cosa sorprendente es que en la estructura de la segunda etapa constructiva se conservara parte de los dos santuarios erigidos en lo alto de ella. Obviamente indica esto que en esos años que siguieron a la Conquista, lo que hoy se mira de los dos santuarios había quedado ya oculto bajo el piso de esa parte de la ciudad en proceso de reconstrucción al modo español.

Algunos de los que se conocían como "ídolos de piedra", según lo notó Motolinía, "escaparon quebrados o hechos pe-

---

38 Torquemada, *op. cit.*, t. III, p. 219.

dazos". Otros fueron usados para la cimentación de iglesias y construcciones. Tan sólo algunas esculturas en verdad extraordinarias, como las de Coatlicue, la cabeza de Coyolxauhqui conservada en el Museo Nacional de Antropología, el llamado Calendario Azteca, la Yolotlicue, la Piedra de Tízoc, la de la Dedicación del Templo mayor y otras pocas escaparon al furor iconoclasta, comprensible desde el punto de vista de los frailes pero traumático para los antiguos seguidores del portentoso Huitzilopochtli.

La destrucción del templo mayor y de todos los otros santuarios de Tenochtitlan quedó consumada en breve tiempo. En lo que había sido la metrópoli del Pueblo del Sol no había ya otras edificaciones religiosas que las iglesias para una nueva forma de culto. Los españoles, como los mexicas, eran en extremo religiosos. Si los antiguos señores de Tenochtitlan se habían afanado por engrandecer cada vez más su templo mayor, también los hombres de Castilla pusieron su mejor empeño en edificar iglesias, conventos y una catedral que rivalizara con las de España.

Hubo al menos varios frailes humanistas y un grupo de sabios nativos que sobrevivieron a la Conquista que hicieron diversas formas de rescate, en sus libros y códices, de lo que había sido la vida y la cultura en la Tenochtitlan prehispánica. En esos libros y códices, como lo dijimos al principio, hay relativamente abundante información acerca del templo mayor. Ello ha permitido a los modernos arqueólogos precisar la significación que tenían algunas de las realidades que hoy se están descubriendo. En realidad los hallazgos logrados en el espacio sagrado del templo mayor, al coincidir en múltiples casos, con lo que se describe en las fuentes escritas, han venido a corroborar la veracidad y precisión de tales testimonios.

En forma muy distinta, en varios lugares del Viejo Mundo comenzaron a proliferar, desde el siglo XVI, las representaciones ilusorias de lo que se decía habían sido la vida y la religiosidad de los indígenas, en particular de México y Perú. En el gran cúmulo de descripciones imaginarias y de representaciones fantásticas hay algunas que pretenden mostrar cómo era el templo mayor de México. Libros publicados, sobre todo en Francia, Italia, Alemania y Holanda, incluyen

133

no pocas de esas fabulosas descripciones, acompañadas a veces de curiosísimos grabados. Al menos puede percibirse en tales fantasías otra manera de testimonio: el del grande interés que experimentaron los europeos por saber algo acerca de las realidades naturales, humanas y religiosas de los pueblos recién descubiertos y conquistados.

APENDICE I

ALGUNOS TESTIMONIOS ETNOHISTORICOS

Se ha ofrecido en esta segunda parte un elenco de las principales fuentes etnohistóricas que guardan relación directa con el Templo Mayor de México-Tenochtitlan. Y a lo largo de esta misma segunda parte se han incluido ya varias reproducciones de páginas de códices indígenas en los que aparece el gran santuario de Huitzilopochtli y Tláloc. Ahora transcribiré aquí cuatro testimonios documentales que considero de muy particular valor.

Proceden éstos de obras de otros tantos cronistas que, de varias formas, tuvieron acceso directo a relatos de la tradición prehispánica en los que se describe el dicho templo, o que, ellos mismos, pudieron contemplar el gran recinto sagrado o al menos vestigios del mismo. Debemos estos testimonios a fray Bernardino de Sahagún, que los obtuvo de sus informantes indígenas; Bernal Díaz del Castillo, que con sus propios ojos admiró la grandeza del templo; Bartolomé de las Casas que, además de haber estado en la ciudad de México, por vez primera en 1532, reunió noticias de primera mano sobre el que llamó "magnífico templo" y, finalmente, Diego Durán, otro fraile también dominico, venido a México en temprana fecha y que consultó varias crónicas indígenas y el parecer de antiguos conquistadores como Francisco de Aguilar. Todos estos testimonios, como también las pinturas incluidas en los códices, pueden tenerse como de primera mano. Son valiosas fuentes etnohistóricas para conocer lo que fue el Templo Mayor de Tenochtitlan.

Chac Mool, uno de los tlaloqueh, servidores de Tláloc, en el adoratorio (costado Norte) del Templo Mayor, segunda etapa constructiva.

EL TESTIMONIO DE LOS INFORMANTES
INDIGENAS DE SAHAGUN

Fray Bernardino de Sahagún, que había nacido en 1500 en el pueblo del que tomó su nombre en el reino de León, España, llegó a México en 1529. En la región central del mismo había de trabajar por algo más de sesenta años realizando investigaciones para conocer a fondo, como él dijo, "las cosas naturales, humanas y divinas" de los antiguos mexicanos. Con la colaboración de antiguos estudiantes cuyos del Colegio de Santa Cruz de Tlatelolco reunió así un gran conjunto de testimonios de labios de ancianos indígenas, sobre todo de Tepepulco, Tlatelolco y México. Fray Bernardino, que nos dejó el legado de centenares de folios en náhuatl, falleció en 1590.

Aquí ofrezco el texto, en la versión castellana que he preparado del mismo, en el que se describe lo que los ancianos indígenas dijeron acerca del templo de Huitzilopochtli y Tláloc en el corazón de su metrópoli. Pertenece este texto a un apéndice del libro II del *Códice Florentino*. En dicho apéndice, además de describirse el templo de Huitzilopochtli y Tláloc, se proporciona información acerca del gran conjunto de setenta y ocho edificaciones que formaban parte del gran recinto sagrado. He aquí el texto:

En el patio se hallaba [el templo de] Huitzilopochtli. Todo estaba así: de este modo se ve, como de doscientas brazas [en cada uno de sus cuatro costados] y en su interior [del gran recinto] se erguían templos muy grandes: eran los templos de los dioses. El más alto, el de mayor altura, era la casa de Huitzilopochtli, o Tlacahuepan Cuexcochtzin; era muy grande, muy alto.

Y éste se hallaba en medio del gran recinto. Y con él se erguía la casa de Tláloc. Los dos estaban juntos, estaban unidos. Y en lo más alto, [el de Huitzilopochtli] aparecía un poco más alto, tal vez una braza. Y arriba de cada templo había un adoratorio. Allí estaba la imagen de Huitzilopochtli, que también se llama *Ilhuícatl Xoxouhqui* [Cielo Verde-azulado], y en él otro adoratorio, allí estaba la imagen de Tláloc.

Y también arriba, allí estaba una piedra encurvada, muy grande, a la que llamaban *techcatl* [piedra del sacrificio]. Sobre ella se hacían sacrificios. Así honraban a su dios. Y la sangre, la sangre de aquellos que morían, escurría hasta abajo, así venía corriendo. De este modo era en todos los templos que había de los dioses.

Y este templo de Huitzilopochtli y Tláloc, estaba viendo hacia el rumbo por donde se mete el sol. Y su escalinata era muy ancha. Allí llegaba hasta lo más alto, por allí se subía. Y todos los templos que había, así eran, sus escalinatas eran muy rectas.

(Códice Florentino, libro 2, apéndice)

LO QUE CONTEMPLO BERNAL DIAZ DEL CASTILLO

Nacido en la Villa de Medina del Campo hacia 1495 o 1496, pasó al Nuevo Mundo, de escasos veinte años, en 1514. Tras algún tiempo de residencia en Cuba, tomó parte, según lo refiere, en las tres expediciones a la Nueva España, la de Francisco Hernández de Córdoba 1517, la de Juan de Grijalva 1518 y la de Hernán Cortés en 1519. Participó en la Conquista de México, de la que sería luego cronista. Trayendo a la mente sus recuerdos, fue como pudo escribir, hallándose muchos años más tarde en Guatemala, su célebre *Historia verdadera de la conquista de Nueva España*. En esa amplia obra suya, que revisó y corrigió muchas veces casi hasta el tiempo de su muerte, dio a conocer cuanto pudo evocar y asimismo lo que tuvo a bien opinar sobre los hechos de la Conquista de México. Bernal Díaz falleció en Guatemala a una avanzada edad, cercana a los noventa años y ya casi ciego, el 3 de febrero de 1584. La descripción que hizo del gran *cu* o Templo Mayor de Tenochtitlan la incluyó en el capítulo XCI de su *Historia*, que aquí se transcribe:

Y fuimos al gran *cu*, y ya que íbamos cerca de sus grandes patios, y antes de salir de la misma plaza estaban otros muchos mercaderes, que, según dijeron, eran de los que traían a vender oro en granos como lo sacan de las minas, metido el oro en unos canutillos delgados de los de ansarones de la tierra, y así blancos porque se pareciese el oro por de fuera; y por el largor y gordor de los canutillos tenían entre ellos su cuenta qué tantas mantas o qué *xiquipiles* de cacao valía, o qué esclavos u otra cualesquiera cosas a que lo trocaban.

Y así dejamos la gran plaza sin más verla y llegamos a los grandes patios y cercas donde está el gran *cu*; tenía antes de llegar a él un gran circuito de patios, que me parece que eran más que la plaza que hay en Salamanca, y con dos cercas alrededor, de calicanto, y el mismo patio y sitio todo empedrado de piedras grandes, de losas blancas y muy lisas, y adonde no había de aquellas piedras estaba encalado y bruñido y todo muy limpio, que no hallaran una paja ni polvo en todo él. Y desde que llegamos cerca del gran *cu*, antes que subiésemos ninguna grada de él envió el gran Montezuma desde arriba, donde estaba haciendo sacrificios, seis *papas* y dos principales para que acompañasen a nuestro capitán, y al subir de las gradas, que eran ciento y catorce, le iban a tomar de los brazos para ayudarle a subir, creyendo que se cansaría, como ayudaban a su señor Montezuma, y Cortés no quiso que llegasen a él. Y después que subimos a lo alto del gran *cu*, en una placeta que arriba se hacía, adonde tenían un espacio a manera de andamios, y en ellos puestas unas grandes piedras, adonde ponían los tristes indios para sacrificar, y allí había un gran bulto de como dragón, y otras malas figuras, y mucha sangre derramada de aquel día.

Y así como llegamos salió Montezuma de un adoratorio, adonde estaban sus malditos ídolos, que era en lo alto del gran *cu*, y vinieron con él dos *papas*, y con mucho acato que hicieron a Cortés y a todos nosotros, le dijo: "Cansado estaréis, señor Malinche, de subir a este nuestro gran templo."
Y Cortés le dijo con nuestras lenguas, que iban con nosotros, que él ni nosotros no nos cansábamos en cosa ninguna. Y luego le tomó por la mano y le dijo que mirase su gran ciudad y todas las más ciudades que había dentro en el agua, y otros muchos pueblos alrededor de la misma laguna, en tierra; y que si no había visto muy bien su gran plaza, que desde allí la podría ver muy mejor, y así lo estuvimos mirando, porque desde aquel grande y maldito templo estaba tan alto que todo lo señoreaba muy bien; y de allí vimos las tres calzadas que entran en México, que es la de Iztapalapa, que fué por la que entramos cuatro días había, y la de Tacuba, que fué por donde después salimos huyendo la noche de nuestro gran desbarate, cuando Cuedlabaca, nuevo señor, nos echó de la ciudad, como adelante diremos, y la de Tepeaquilla. Y veíamos el agua dulce que venía de Chapultepec, de que se proveía la ciudad, y en aquellas tres calzadas, las puentes que tenía hechas de trecho a trecho, por donde en-

traba y salía el agua de la laguna de una parte a otra; y veíamos en aquella gran laguna tanta multitud de canoas, unas que venían con bastimentos y otras que volvían con cargas y mercaderías; y veíamos que cada casa de aquella gran ciudad, y de todas las más ciudades que estaban pobladas en el agua, de casa a casa no se pasaba sino por unas puentes levadizas que tenían hechas de madera, o en canoas; y veíamos en aquellas ciudades *cúes* y adoratorios a manera de torres y fortalezas, y todas blanqueando, que era cosa de admiración, y las casas de azoteas, y en las calzadas otras torrecillas y adoratorios que eran como fortalezas. Y después de bien mirado y considerado todo lo que habíamos visto, tornamos a ver la gran plaza y la multitud de gente que en ella había, unos comprando y otros vendiendo, que solamente el rumor y zumbido de las voces y palabras que allí había sonaba más que de una legua, y entre nosotros hubo soldados que habían estado en muchas partes del mundo, y en Constantinopla, y en toda Italia y Roma, y dijeron que plaza tan bien compasada y con tanto concierto y tamaña y llena de tanta gente no la habían visto.

Dejemos esto y volvamos a nuestro capitán, que dijo a fray Bartolomé de Olmedo, ya otras veces por mí memorado, que allí se halló: "Paréceme, señor Padre, que será bien que demos un tiento a Montezuma sobre que nos deje hacer aquí nuestra iglesia." Y el Padre dijo que será bien, si aprovechase: mas que le parecía que no era cosa convenible hablar en tal tiempo; que no veía a Montezuma de arte que en tal cosa concediese. Y luego nuestro Cortés dijo a Montezuma, con doña Marina, la lengua: "Muy gran señor es vuestra merced, y de mucho más es merecedor; hemos holgado de ver vuestras ciudades; lo que os pido por merced, que pues que estamos aquí, en vuestro templo, que nos mostréis vuestros dioses y *teules.*" Y Montezuma dijo que primero hablaría con sus grandes *papas.* Y luego que con ellos hubo hablado dijo que entrásemos en una torrecilla y apartamiento a manera de sala, donde estaban dos como altares, con muy ricas tablazones encima del techo, y en cada altar estaban dos bultos, como de gigante, de muy altos cuerpos y muy gordos, y el primero, que estaba a mano derecha, decían que era el de Uichilobos, su dios de la guerra, y tenía la cara y rostro muy ancho y los ojos disformes y espantables; en todo el cuerpo tanta de la pedrería y oro y perlas y aljófar pegado con engrudo, que hacen en esta tierra de unas como raíces, que todo el cuerpo y cabeza estaba lleno de ello, y ceñido el cuerpo unas a manera de grandes culebras hechas de oro y pedrería, y en una mano tenía un arco y en otra unas flechas. Y otro ídolo pequeño que allí junto a él estaba, que decían que era su paje, le tenía una lanza no larga y una rodela muy rica de oro y pedrería; y tenía puesto al cuello el Uichilobos unas caras de indios y otros como corazones de los mismos indios, y éstos de oro y de ellos de plata, con mucha pedrería azules; y estaban allí unos braseros con incienso, que es su copal, y con tres corazones de indios que aquel día habían sacrificado y se quemaban, y con el humo y copal le habían hecho aquel sacrificio. Y estaban todas las paredes de aquel adoratorio tan bañado y negro de costras de sangre, y asimismo el suelo, que todo hedía muy malamente. Luego vimos a otra parte, de la mano izquierda, estar el otro gran bulto del altor de Uichilobos, y tenía un rostro como de oso, y unos ojos que le relumbraban, hechos de sus espejos, que se dice *tezcal*, y el cuerpo con ricas piedras pegadas según y de la manera del otro su Uichilobos, porque, según decían, entrambos eran hermanos, y este Tezcatepuca era el dios de los infiernos, y tenía cargo de las ánimas de los mexicanos, y tenía ceñido el cuerpo con unas figuras como diablillos chicos y las colas de ellos como sierpes, y tenía en las paredes tantas costras de sangre y el suelo todo bañado de ello, como en los mataderos de Castilla no había tanto hedor. Y allí le tenían presentado cinco corazones de aquel día sacrificados, y en lo alto de todo el *cu* estaba otra concavidad muy ricamente labrada la madera de ella, y estaba otro bulto como de medio hombre y medio lagarto, todo lleno de piedras ricas y la mitad de él enmantado. Este decían que el cuerpo de él estaba lleno de todas las semillas que había en toda la tierra, y decían que era el dios de las sementeras y frutas; no se me acuerda el nombre, y todo estaba lleno de sangre, así paredes como altar, y era tanto el hedor, que no veíamos la hora de salirnos afuera. Y allí tenían un atambor muy grande en demasía, que cuando le tañían el sonido de él era tan triste y de tal manera como dicen estrumento de los infiernos, y más de dos leguas de allí se oía; decían que los cueros de aquel atambor eran de sierpes muy grandes . . .

Y luego nos bajamos las gradas abajo, y como eran ciento y catorce y algunos de nuestros soldados estaban malos de bubas o humores, les dolieron los muslos del bajar. Y dejaré de hablar de su adoratorio y diré lo que me parece del circuito y manera que tenía, y si no lo dijere tan al natural como era, no se maravillen, porque en aquel tiempo tenía otro pensamiento de entender en lo que traíamos entre manos, que es en lo militar y en lo que mi capitán me mandaba, y no en hacer relaciones. Volvamos a nuestra materia. Paréceme que el circuito del gran *cu* sería de seis muy grandes solares de los que dan en esta tierra, y desde abajo hasta arriba, adonde estaba una torrecilla, y allí estaban sus ídolos, va estrechando, y en medio del alto *cu*, hasta lo más alto de él, van cinco concavidades a manera de barbacanas y descubiertas, sin mamparos. Y porque hay muchos *cúes* pintados en reposteros de conquistadores, y en uno que yo tengo, que cualquiera de ellos a quien los han visto podría colegir la manera que tenían por de fuera; mas no lo que yo vi y entendí, y de ello hubo fama en aquellos tiempos que fundaron aquel gran *cu*, en el cimiento de él habían ofrecido de todos los vecinos de aquella gran ciudad oro y plata y aljófar y piedras ricas, y que le habían bañado con mucha sangre de indios que sacrificaron, que habían tomado en las guerras, y de toda manera de diversidad de semillas que había en toda la tierra, porque les diesen sus ídolos victorias y riquezas y muchos frutos.

Dirán ahora algunos lectores muy curiosos que cómo pudimos alcanzar a saber que en cimiento de aquel gran *cu* echaron oro y plata y piedras de *chalchiuis* ricas y semillas, y lo rociaban con sangre humana de indios que sacrificaban, habiendo sobre mil años que se fabricó y se hizo. A esto doy por respuesta que después que ganamos aquella fuerte y gran ciudad y se repartieron los solares, que luego propusimos que en aquel gran *cu* habíamos de hacer la iglesia de nuestro patrón y guiador Señor Santiago, y cupo mucha parte de la del solar del alto *cu* para el solar de la santa iglesia de aquel *cu* de Uichilobos, y cuando abrían los cimientos

143

para hacerlos más fijos, hallaron mucho oro y plata y *chalchiuis* y perlas y aljófar y otras piedras; y asimismo a un vecino de México, que le cupo otra parte del mismo solar, halló lo mismo, y los oficiales de la Hacienda de Su Majestad lo demandaban por de Su Majestad, que les venía de derecho, y sobre ello hubo pleito, y no se me acuerda lo que pasó, mas que se informaron de los caciques y principales de México y [de] Guatemuz, que entonces era vivo, y dijeron que es verdad que todos los vecinos de México de aquel tiempo echaron en los cimientos aquellas joyas y todo lo demás, y que así lo tenían por memoria en sus libros y pinturas de cosas antiguas, y por esta causa aquella riqueza se quedó para la obra de la santa iglesia de Señor Santiago.

Dejemos esto y digamos de los grandes y suntuosos patios que estaban delante del Uichilobos, adonde está ahora Señor Santiago, que se dice el Tatelulco, porque así se solía llamar. Ya he dicho que tenían dos cercas de calicanto antes de entrar dentro, y que era empedrado de piedras blancas como losas, y muy encalado y bruñido y limpio, y sería de tanto compás y tan ancho como la plaza de Salamanca; y un poco apartado del gran *cu* estaba otra torrecilla que también era casa de ídolos o puro infierno, porque tenía la boca de la una puerta una muy espantable boca de las que pintan que dicen que están en los infiernos con la boca abierta y grandes colmillos para tragar las ánimas; y asimismo estaban unos bultos de diablos y cuerpos de sierpes junto a la puerta, y tenían un poco apartado un sacrificadero, y todo ello muy ensangrentado y negro de humo y costras de sangre, y tenían muchas ollas grandes y cántaros y tinajas dentro de la casa llenas de agua, que era allí donde cocinaban la carne de los tristes indios que sacrificaban y que comían los *papas*, porque también tenían cabe el sacrificadero muchos navajones y unos tajos de madera, como en los que cortan carne en las carnicerías; y asimismo detrás de aquella maldita casa, bien apartado de ella, estaban unos grandes rimeros de leña, y no muy lejos una gran alberca de agua, que se henchía y vaciaba, que le venía por su caño encubierto de lo que entraba en la ciudad, de Chapultepec. Yo siempre le llamaba [a] aquella casa el infierno.

Pasemos adelante del patio, y vamos a otro *cu*, donde era

144

enterramiento de grandes señores mexicanos, que también tenía otros muchos ídolos, y todo lleno de sangre y humo, y tenía otras puertas y figuras de infierno; y luego junto de aquel *cu* estaba otro lleno de calaveras y zancarrones, puestos con gran concierto, que se podían ver mas no se podrían contar, porque eran muchas, y las calaveras por sí y los zancarrones en otros rimeros; y allí había otros ídolos, y en cada casa o *cu* y adoratorio que he dicho estaban *papas* con sus vestiduras largas de mantas prietas y las capillas largas asimismo, como de dominicos, que también tiraban un poco a las de los canónigos, y el cabello muy largo y hecho que no se puede esparcir ni desenhebrar, y todos los más sacrificadas las orejas, y en los mismos cabellos mucha sangre. Pasemos adelante que había otros *cúes* apartados un poco, donde estaban las calaveras, que tenían ídolos y sacrificios de otras malas pinturas, y aquellos ídolos decían que eran abogados de los casamientos de los hombres. No quiero detenerme más en contar de ídolos, sino solamente diré que alrededor de aquel gran patio había muchas casas y no altas, y eran adonde posaban y residían los *papas* y otros indios que tenían cargo de los ídolos, y también tenían otra muy mayor alberca o estanque de agua, y muy limpia, a una parte del gran *cu;* era dedicada solamente para el servicio del Uichilobos, Tezcatepuca, y entraba el agua en aquella alberca por caños encubiertos, que venía de Chapultepec.

Y allí cerca estaban otros grandes aposentos a manera de monasterios, adonde estaban recogidas muchas hijas de vecinos mexicanos, como monjas, hasta que se casaban; y allí estaban dos bultos de ídolos de mujeres, que eran abogadas de los casamientos de las mujeres, y aquéllas sacrificaban y hacían fiestas porque les diesen buenos maridos. Mucho me he detenido en contar de este gran *cu* del Tatelulco y sus patios, pues digo era el mayor templo de todo México, porque había tantos y muy suntuosos, que entre cuatro o cinco parroquias o barrios tenían un adoratorio y sus ídolos; y porque eran muchos y yo no sé la cuenta de todos, pasaré adelante.

(Bernal Díaz del Castillo,
*Historia verdadera de la Conquista de
Nueva España*, capítulo XCI)

FRAY BARTOLOMÉ DE LAS CASAS Y EL "MAGNÍFICO TEMPLO"

Bien conocida es la figura del eximio defensor del hombre indígena, el dominico Bartolomé de las Casas. Sevillano era él, nacido hacia 1474. Joven aún conoció el Nuevo Mundo al que llegó en 1502, desembarcando en la Isla Española. Allí pudo ya percatarse de lo que llamó él "la destrucción de las Indias". Escuchó también en Santo Domingo aquel sermón de fray Antón de Montesinos que, con gran fuerza, había condenado los desmanes de los encomenderos. Las Casas pasó más tarde a Cuba en donde tuvo un repartimiento de indígenas. En 1515 renunció a éste y, algún tiempo después, ingresó en la orden dominica. La defensa de los indios la inició con fray Antón de Montesinos en 1515 cuando hizo un viaje a España para informar a Fernando el Católico de lo que estaba ocurriendo en el Nuevo Mundo. A partir de este momento la vida de fray Bartolomé, en sus diversas etapas, incluyendo por supuesto la de obispo de Chiapas, fue permanente alegato en defensa de los derechos de los indígenas. Muchas obras escribió, entre ellas sus varios *Tratados, Historia de las Indias* y la *Apologética historia sumaria*. De ésta última precisamente procede la descripción que hizo del Templo Mayor de Tenochtitlan. El batallador infatigable que fue fray Bartolomé murió en el convento de Nuestra Señora de Atocha, en Madrid, en el mes de julio de 1566. El texto suyo sobre el templo de Huitzilopochtli y Tláloc está incluido en el capítulo LI de la *Apologética historia*. A continuación se transcribe:

Dejadas las casas deste tan gran rey e señor, dignas de grande admiración, y de otras muchas de señores y caballeros que había en esta ciudad, [de México], de las cuales hòbiera bien que decir cuán hermosas y complidas eran, digamos del templo admirable principal, que sin otros muchos templos de grandes y muy buenos edificios que había en ella. Era este maravilloso templo muy grande y de gran circuito: era cuadrado y tenía de cuadra un tiro de ballesta, cercado de piedra de mampuesto muy bien labrado. Había en él cuatro puertas que salían a las cuatro calles principales que vienen de la tierra firme por las tres calzadas, y otra calle por do entran en la ciudad, no por calzada, sino en los barcos o canoas por el agua. En medio deste cuadro estaba una como torre triangular o de tres esquinas, de tierra y piedra maciza, y ancha de esquina a esquina de ciento y veinte pasos o cuasi. Cuanto más subía, tanto más se iba estrechando el edificio y haciendo unos relejes por de fuera desde el principio grandes, y los que se seguían íbanse haciendo más pequeños.

Relejes son unos asientos que quedan en vago en la pared o edificio, como si comenzase una pared desde abajo de diez ladrillos de ancho y subida en alto hasta cierta cantidad de altura, de allí adelante la pared fuese de cinco: aquel espacio que queda en vago y por donde se podía andar la pared, se llaman relejes, y si por de fuera quedan son relejes de fuera, y estos de fuera suelen ser redondos y otros cuadrados y otros como cordón de Sant Francisco, finalmente muy bien hechos; y si fuese el edificio hueco como una sala y la pared se sangostase por de dentro, pasada alguna altura, serían los relejes de dentro, así que porque este edificio iba macizo, eran los relejes por defuera. Fenecíase aquella angustura arriba en el fin de la torre, en un llano o plaza de obra de setenta pies, y si no fuera por los relejes llevaba forma esta torres de pirámide, y si acabara lo de encima, digo lo postrero della, en punta y no en llano como acaba, fuera propiamente toda. Por la parte de donde se pone el sol no llevaba relejes, sino gradas desde el suelo hasta lo alto arriba, y eran ciento y trece gradas, cada una de un palmo bueno; eran de muy buena piedra labrada.

En aquel llano alto o plazuela estaban dos altares grandes, apartados uno de otro cuasi a la orilla de la torre; solamente quedaba un espacio para poder andar un hombre a su placer. Tenían de altor cinco palmos cada uno, y con sus paredes de piedra pintadas con las figuras que se les antojaban o por lo que con ellas querían significar. Encima tenían los altares sus capillas de madera muy bien labrada o encallada. Cada capilla tenía sobre sí tres sobrados, uno encima de otro, cada uno bien alto, y así era todo este edificio muy alto, hecha una torre altísima y vistosísima, de donde se veían toda la ciudad y la grande laguna con todos los pueblos y ciudades que en ella están edificadas. Vista era letísima y admirable.

Desde la última grada hasta los altares había un buen espacio para que los sacerdotes y ministros de los ídolos pudiesen sus oficios ejercitar. En cada altar de aquellos dos estaba un ídolo de bulto muy grande. Eran ambos como dos grandes gigantes.

Había alrededor deste magnífico templo otros menores, más de cuarenta, y en cada uno dedicado a un dios, y su torre no era tan grande, y todas estas torres acompañaban mucho la torre mayor y la adornaban. Era la diferencia del templo mayor a los menores que los altares del mayor estaban al oriente, pues las gradas subían de la parte del poniente, y así adoraban hacia el Sol como a Dios principal, y los de los templos menores miraban, por el contrario, al occidente y a las otras partes del cielo. Un templo déstos era templo redondo del dios Aire. La razón de su redondez daban diciendo que así como el aire anda por toda la redondez del cielo, así había de tener el templo redondo. La entrada deste templo era de hechura de una boca de sierpe grande y pintada de la manera que en nuestra Castilla se suele pintar la boca del infierno; los colmillos retuertos, espantables, y entrando por aquella puerta nuestros españoles, parecía que les temblaban las carnes.

Había otros muchos templos en la ciudad que tenían gradas para subir a ellos por tres partes, y eran todos cosa de ver, cada uno en su manera, con sus capillas sobre los altares. Aquellas capillas eran los entierrros de los señores y caballeros principales. Junto a los templos estaban las casas y aposentos con el servicio necesario para los sacerdotes y ministros del altar. A cada parte y puerta de las cuatro del patio del templo grande ya dicho había una gran sala con muy buenos aposentos, altos y bajos, en rededor. En éstos tenían muchas armas, porque como los templos tengan por fortaleza de los pueblos, tienen en ellos toda su munición.

Había sin ésta otras tres salas con sus azoteas encaladas, las paredes de muy buenas piedras encaladas y pintadas con muchas cámaras y aposentos no de hombres, sino de infinitos ídolos de diversas maneras de piedra y madera y cobre o metales hechos. Para entrar en estas cámaras tenían unas puertas muy bajas y chequitas y dentro lleno de tinieblas y escuridad.

En lo demás que resta del susodicho patio deste gran templo se criaban muchas aves y había jardines llenos de flores, yerbas y árboles para los altares odoríferos, de lo cual mucho se arreaban y hoy lo mismo aquellas gentes de la Nueva España, y era cosa maravillosa cuán proveídos estaban todos los templos de copiosa fábrica, y en especial este templo mayor. Tenían pueblos y éste muchos señalados y dedicados para su fábrica y conservación de los edificios y gastos que eran necesarios y ordinarios, y estos pueblos se tenían por más felices y honrados como consagrados al servicio y vasallaje de los dioses. Hacían de común las sementeras y cogían y guardaban los fructos para mantenimiento de los sacerdotes y los demás que servían en él, que eran ordinariamente sobre cinco mill personas, que habitaban de noche y de día dentro y proveían los pueblos dichos de pan y carne y frutas y leña e incencio para los sahumerios de los altares y de todas las otras cosas necesarias, en abundancia; por manera que los templos eran muy ricos, y este mayor muy más rico que todos, al cual los reyes y en especial Motenzuma, había mucho bien dotado y honrado, porque era muy devoto y celoso de su religión.

(Bartolomé de las Casas, *Apologética Historia Sumaria*, capítulo LI)

LA AMPLIA DESCRIPCION DEL TEMPLO
DEBIDA A FRAY DIEGO DURAN

Como fray Bartolomé de las Casas, también Diego Durán había nacido en Sevilla, hacia 1537. Siendo aún niño, viajó con sus padres a México, hacia 1542. Radicado con ellos en Tezcoco, allí aprendió la lengua náhuatl y comenzó a conocer la cultura de la gente nativa. En 1556 ingresó en la orden dominica. Después de trabajar en calidad de misionero en distintos lugares como en Oaxaca, regresó a la ciudad de México. En ésta, y en pueblos cercanos a ella, fue donde escribió su *Historia de las Indias de Nueva España*. Para ello se valió de algunas crónicas en lengua náhuatl que pudo allegar y también de testimonios que recogió de labios de quienes habían vivido en México a partir de la Conquista. Entre tales testimonios estaba el de Francisco de Aguilar que, abandonando la profesión de soldado, se hizo también fraile. La *Historia* de Durán es rica mina de información sobre el pasado prehispánico. En el capítulo II de la parte que intitula "Libro de los ritos y ceremonias en las fiestas de los dioses", se encuentra su descripción del Templo Mayor de México Tenochtitlan. Fray Diego Durán murió en la ciudad de México en 1588. He aquí su testimonio referente al gran templo de Huitzilopochtli y Tláloc:

El ídolo de que vamos tratando (Huitzilopochtli) era tan temido y reverenciado de toda esta nación, que a él solo llamaban "Señor de lo criado y Todopoderoso", y a este eran los principales y grandes sacrificios, cuyo templo era el más solemne y suntuoso, mayor y más principal entre todos los de la tierra. Del cual oí siempre a los conquistadores contar muchas excelencias de su altura y hermosura y galán edificio y fortaleza. Cuyo sitio era en las casas de Alonso de Avila, que agora están hechas muladar. Del cual templo diré adelante en su lugar.

Huitzilopochtli era una estatua de palo, entallada a la figura de un hombre, sentada en un escaño de palo azul, a manera de andas. Por cuanto de cada esquina salía un palo vasidrón, con una cabeza de sierpe, al cabo; del largor cuanto un hombre lo podía poner en el hombro. Era este escaño azul de color de cielo, que denotaba estar en el cielo asentado; tenía este ídolo toda la frente azul, y por encima de la nariz, otra venda azul, que le tomaba de oreja a oreja. Tenía sobre la cabeza un rico penacho a la hechura de pico de pájaro, el cual pájaro llamaban "huitzitzilin", que nosotros llamamos "zunzones", que son todos verdes y azules de las plumas, del cual pájaro hacen en Michoacán las imágenes.

Tienen estos pajarillos el pico largo y negro y la pluma muy relumbrante. Del cual pájaro, antes que pase adelante, quiero contar una excelencia y maravilla, para honra y alabanza del que lo crió. Y es que los seis meses del año muere y los seis vive. Y es de la manera que diré: Cuando siente que viene el invierno, vase a un árbol coposo que nunca pierde la hoja y con instinto natural busca en él una hendedura, y pósase en una ramita junto a aquella hendedura, y mete en ella el pico todo lo que puede y estase allí seis meses del año: todo lo que dura el invierno, sustentándose con sola la virtud de aquel árbol, como muerto, y en viniendo la primavera, que cobra el árbol nueva virtud y va a echar nuevas hojas, el pajarito, ayudado con la virtud del árbol, torna a resucitar y sale de allí a crear. Y a esta causa dicen los indios que muere y resuscita.

Y porque he visto este pájaro con mis propios ojos en el invierno, metido el pico en la hendedura de un ciprés y asido a una ramita de él, como muerto, que no se bullía, y dejando señalado el lugar, volví (a) la primavera, cuando los árboles retoñecen y tornan a brotar, y no lo hallé. Lo oso poner aquí y creo lo que los indios de él me dijeron, y alabo al todopoderoso y omnipotente Dios, que es poderoso para hacer otros mayores misterios.

El pico en el penacho del ídolo estaba fijado era de oro muy bruñido, contrahecho en él. El pajarito dicho, las plumas del penacho eran de pavos verdes, muy hermosas y muchas en cantidad. Tenía una manta verde con que estaba cubierto, y encima de la manta, colgado al cuello, un delantal o babadero de ricas plumas verdes, guarnecido de oro, que sentado en su escaño, le cubría hasta los pies.

Tenía en la mano izquierda una rodela blanca, con cinco pegujones de plumas blancas puestos en cruz. Colgaban de ella plumas amarillas a manera de rapacejos. Salía por lo alto de ella una bandereta de oro, y, por el lugar de las manijas, salían cuatro saetas, las cuales eran insignias que les fueron enviadas del cielo a los mexicanos para, con aquellas insignias, tener las grandes victorias que tuvieron en sus antiguas guerras, como a gente valerosa, como en otro libro lo refiero.

Tenía este ídolo en la mano derecha un báculo, labrado a la manera de una culebra toda azul y ondeada. Tenía ceñida una bandereta que le salía a las espaldas, de oro muy bruñido. Tenía en las muñecas unas ajorcas de oro; tenía en los pies unas sandalias azules. Todo este ornato tenía su significación e intento a alguna superstición.

Este ídolo así vestido y aderezado estaba siempre puesto en un altar alto en una pieza pequeña, muy cubierta de mantas y de joyas y plumas y aderezos de oro y rodela de plumas, lo más galano y curioso que ellos sabían y podían aderezarlo. Tenían siempre una cortina delante para más reverencia y veneración.

Pegada a esta cámara había otra, no menos aderezada y rica, donde tenían otro ídolo, que se decía Tláloc.

Estas piezas estaban en la cumbre del templo, que para subir a ellas había ciento y veinte gradas. Que para encarecerme la altura me la compararon a la altura que tiene una cruz que está en el patio de San Francisco de México.

Estaban estas piezas ambas muy bien labradas de figuras de talla, las cuales figuras y bestiones están puestas en la esquina de las casas reales, debajo del reloj de la ciudad: algunas figuras de aquellas tenían por lumbrales, otras por esquinas, otras por hacheros y candeleros. En fin, todas estas dos cámaras estaban llenas de figuras de talla y bestiones de diferentes efigies, para ornato de aquellos dioses y grandeza. Los cuales dos dioses habían de estar siempre juntos, porque los tenían por compañeros y por de tanto poder al uno como al otro.

153

Delante de estos dos aposentos donde estaban estos dioses había un patio de cuarenta pies en cuadra, muy encalado y liso, en medio del cual y frontero de las dos piezas estaba una piedra algo puntiaguda, verde, de altor como hasta la cintura, que echado un hombre de espaldas sobre ella le hacía doblar el cuerpo. Sobre esta piedra sacrificaban los hombres, al modo que en otra parte veremos.

Y porque hay tanto que notar en las particularidades de este templo, quiero después de darlo pintado, hacer particular mención de cada cosa en particular, que no dejará de causar contento y recreación el oírlo y leerlo, y el ver la curiosidad con que estos edificaban los templos a sus dioses y cómo los adornaban y pulían. ¡Y ahora para Dios hay quien diga que basta una iglesia de adobes, bajita y no muy grande...!

Oído lo que del ornato del ídolo se ha tratado, oigamos lo que de la hermosura de sus templos hay que notar. Y no quiero empezar por la relación que de los indios he tenido, sino por la de un religioso, que fue conquistador de los primeros que en la tierra entraron. El cual se decía fray Francisco de Aguilar, persona muy venerable y de mucha autoridad, en la Orden del padre glorioso Santo Domingo... [De éste la] tuve y de otros conquistadores, de mucha verdad y autoridad los cuales me certificaron que el día que entraron en la ciudad de México y vieron la altura y hermosura de los templos, que entendieron ser algunas fortalezas, torreadas para defender la ciudad, y ornato de ella, o que fuesen algún alcázar o casas reales, llenas de torres o miradores, según era la hermosura y altura que desde lejos se demostraba.

Y es de saber que, de ocho a nueve templos que en la ciudad había, todos estaban pegados unos con otros, dentro de un circuito grande, dentro del cual circuito, cada uno estaba arrimado al otro y tenía sus gradas particulares y su patio particular, y sus aposentos y dormitorios para los ministros de los templos.

Todo lo cual tomaba mucho campo y lugar, que ver unos más altos que otros, y otros más galanos que otros, unos a oriente las entradas, otros a poniente, otros al norte, otros al sur, todos encalados y labrados y torreados con diversa hechura de almenas, pintadas de bestiones y figuras de piedra, fortalecidos con grandes y anchos estribos, que era cosa deleitosa de verlos, y hermoseaba tanto la ciudad y autorizábala tanto, que no había más que ver.

Pero tratando del templo en particualr del ídolo de que vamos tratando, por ser del principal dios, era el más suntuoso y galano que entre todos había. Tenía una cerca muy grande de su patio particular, que toda ella era de piedras grandes, labradas como culebras, asidas las unas de las otras. Las cuales piedras el que las quisiese ver, vaya a la iglesia mayor de México, y allí las verá servir de pedestales y asientos de los pilares de ella. Estas piedras que agora allí sirven de basas sirvieron de cerca en el templo de Huitzilopochtli y llamábanla a esta cerca *coatepantli*, que quiere decir "cerca de culebras".

Tenía en la cumbre de las cámaras o adoratorios donde el ídolo estaba un pretil muy galano, de unas piedrecitas pequeñas, negras como azabache, puestas por mucho orden y concierto, revocado todo el campo de blanco y colorado, que lucía de abajo extrañamente.

Encima del cual pretil había unas almenas muy galanas, labradas a manera de caracoles. Tenía por remate de los estribos que como escalones de braza subían hasta lo alto, dos indios de piedra, sentados con unos candeleros en las manos, de los cuales candeleros salían unas como mangas de cruz, con remates de ricas plumas amarillas y verdes y unos rapacejos largos de lo mismo.

Dentro de este patio había muchos aposentos y apartamientos de religiosos y religiosas, sin otros que en lo alto había para sacerdotes y papas que al ídolo servían. Era este patio tan grande que en un areito [baile] se juntaban en él ocho o diez mil hombres, y porque no se haga esto imposible, quiero contar una cosa que es verdadera, contada de quien con sus manos mató dentro de él muchos indios.

Cuando el Marqués entró en México y su gente, celebraban los indios la fiesta de este gran dios suyo. Sabido por el Marqués, rogó a Motecuhzoma rey de la tierra, que, pues celebraban la fiesta de su dios, que le suplicaba mandase saliesen todos los señores y valerosos hombres a la celebrar y hacer el baile acostumbrado, juntamente con todos los capitanes, porque quería gozar de la grandeza de su reino.

El miserable rey, como estaba ya preso y con gente de guardia, por agradar y mostrar la riqueza de su reino y grandeza, mandó se juntase toda la nobleza de México y de toda la comarca, con toda la riqueza y galanos aderezos que tenían de joyas, piedras, plumas: que no quedase cosa por dar contento al *teotl*, que así llamaban a él y a todos, que quiere decir "los dioses", pues al principio por tales los tuvieron, seguros los desventurados de lo que les aconteció.

Saliendo, pues, a su baile toda la flor de México, así de grandes como de valientes hombres, que en una pintura conté eran por todos ocho mil y seiscientos hombres, todos de linaje y capitanes de mucho valor, no sólo de México, pero llamados de las ciudades y villas comarcanas. Estando todos dentro del patio haciendo su areito, tomadas las puertas del patio, fueron todos metidos a cuchillo, sin quedar uno ni más a vida, y despojados de todas las joyas y riquezas que por mostrar su grandeza y riqueza y también por dar placer y solaz cada uno había traído a la fiesta.

Téngame nuestro Señor la pluma y mano para no descomedirme contra hecho tan atroz y malo, suma de todas las crueldades de Nerón. De esta mortandad sucedió la rebelión y guerra contra los españoles y la muerte de Motecuhzoma, rey y señor de toda la tierra, levantándose juntamente contra él sus vasallos, acumulándole aquel hecho haber sido concierto entre él y los españoles y que los hizo juntar para que allí fuesen muertos, a cuya causa le negaron la obediencia y eligieron por rey a un sobrino suyo llamado Cuauhtémoc.[1]

He traído toda esta historia para decir la grandeza del patio de este templo, que tal debía ser, pues cabían en él ocho mil y seiscientos hombres en una rueda bailando. Este patio tenía cuatro puertas o entradas: una hacia oriente, otra hacia poniente, y otra a mediodía y otra a la parte del norte. De cada parte de estas tenían principio cuatro calzadas: una hacia Tlacopan, que agora llamamos la calle de Tacuba, y otra hacia Guadalupe; y otra hacia Coyoacán, otra iba a la laguna y embarcadero de las canoas.

1 Diego Durán, *Historia de las Indias de Nueva España*, Parte II, capítulo II.

BIBLIOGRAFIA

Alvarado Tezozómoc, Fernando, *Crónica Mexicana,* México, Editorial Leyenda, 1944.

Crónica Mexicáyotl, 2a. edición, traducción de Adrián León, México, Universidad Nacional Autónoma de México, Instituto de Investigaciones Históricas, 1975.

Anales de Cuauhtitlán, edición de Primo Feliciano Velázquez, México Universidad Nacional Autónoma de México, Instituto de Investigaciones Históricas, 1976.

Anales de Tlatelolco: Unos Anales Históricos de la Nación Mexicana, Códice de Tlatelolco, edición de Heinrich Berlin y Roberto H. Barlow, México, Antigua Librería de Robredo, 1948.

Benavente, fray Toribio de (Motolinía), *Memoriales o libro de las cosas de Nueva España y de los naturales de ella,* edición y notas de Edmundo O'Gorman, México, Universidad Nacional Autónoma de México, Instituto de Investigaciones Históricas, 1971.

Bry, Theodor de, *Warhsfftige und eigentliche Abconterfeigun und Fürbildung aller fürnembsten Historien... diesem Amaricae oder West Indianischen Historien gehandelt wird,* Frankfurt-Am-Main, 1601.

Casas, fray Bartolomé de las, *Apologética historia sumaria, cuanto a las cualidades, disposición, descripción, cielo y suelo destas tierras, y condiciones naturales, policía, repúblicas manera de vivir e costumbres de las gentes destas Indias occidentales y meridionales cuyo imperio soberano pertenece a los reyes de Castilla,* 3a. edición, 2 v., edición de Edmundo O'Gorman, México, Universidad Nacional Autónoma de México, Instituto de Investigaciones Históricas, 1967.

Caso, Alfonso, *Calendarios prehispánicos,* México, Universidad Nacional Autónoma de México, Instituto de Investigaciones Históricas, 1967.

Castillo, Cristóbal del, *Fragmento de la obra sobre Historia de la venida de los mexicanos,* edición y versión de Francisco del Paso y Troncoso, Florencia, 1908.

Códice Aubin, introducción, notas, índice, versión paleográfica y traducción del náhuatl por Charles E. Dibble, Madrid, ediciones José Porrúa Turanzas, 1953.

Códice Azcatitlan, Robert Barlow, editor, Société des Americanistes, Paris, 1949.

Códice Borbonicus, comentario de Karl Anton Nowotny, Graz, 1968.

Códice Florentino (Textos de los informantes de fray Bernardino de Sahagún), manuscrito 218-220 de la Colección Palatina, Biblioteca Medicea Laurenciana, 3 v., reproducción facsimilar, dispuesta por el Gobierno Mexicano, 1979.

Florentine Codex, General History of the Things of New Spain Book 2, The Ceremonies, Edited and translated by Arthur J.O. Anderson and Charles E. Dibble, Santa Fe, New Mexico, The School of American Research and the University of Utah, 1951.

Códice Ixtlilxóchitl, Bibliothèque Nationale, Paris, Ms. Mexicain 65-71, Jacqueline de Durand-Forest, commentator. Akademische Druck- u, Verlagsanstalt, Graz, 1976.

Códice Magliabechiano. CLXIII, 3 (B.R.232), Biblioteca Nazionale Centrale di Firenza, Ferdinand Anders, editor, Akademische Druck-u Verlagsanstalt, Graz., 1970.

Códice Matritense del Real Palacio (textos de los indígenas informantes de Sahagún), edición facsimilar de Francisco del Paso y Troncoso, vols. VI (2a. parte), VII y VIII, Madrid, Fototipia de Hauser y Menet, 1906-1907.

Códice Mexicanus, Bibliothèque Nationale de Paris, Ernest Mengin, editor, Société des Americanistes, Paris, 1952.

Códice Moctezuma, Manuscrito n. 35-26 en la Colección de Códices, México, Biblioteca del Museo Nacional de Antropología, s.f.

Códice Serra Rojas, manuscrito en colección privada, México, s.f.

Códice Telleriano-Remensis, Bibliothèque Nationale de Paris. En *Antigüedades de México,* basadas en la recopilación de Lord Kingsborough. José Corona Núñez, editor, México, Secretaría de Hacienda y Crédito Público, 1964.

Códice Tudela, José Tudela de la Orden, editor, a v., Madrid, Ediciones Cultura Hispánica, 1980.

Cortés, Hernán, *Cartas y Documentos,* Introducción de Mario Hernández Sánchez Barba, México, Editorial Porrúa, 1963.

Chimalpahin Cuauhtlehuanitzin, Domingo Francisco de San Antón Muñón, *Diferentes historias originales de los reynos de Culhuacán y México y otras provincias,* el texto original en náhuatl se conserva en la Biblioteca Nacional de París, Manuscrito Mexicano, núm. 74.

Memorial breve acerca de la ciudad de Culhuacán, Biblioteca Nacional de París, Manuscrito Mexicano núm. 220.

Sixième et Setième Relations (1258-1612), traducción del náhuatl al francés por Rémi Siméon, Paris, Maisoneuve, 1889.

Díaz del Castillo, Bernal, *Historia verdadera de la conquista de la Nueva España,* 2 v., introducción y notas de Joaquín Ramírez Cabañas, México, Editorial Porrúa, 1955.

Durán, fray Diego, *Historia de las Indias de Nueva España,* Angel Ma. Garibay K., editor, 2 v., México, Editorial Porrúa, 1967.

Eliade, Mircea, *Lo sagrado y lo profano,* Madrid, Guadarrama, 1967.

Gurría Lacroix, Jorge, "Andrés de Tapia y la Coatlicue", *Estudios de Cultura Náhuatl,* México, Universidad Nacional Autónoma de México, Instituto de Investigaciones Históricas, v. 13, 1978.

Krickeberg, Walter, "El juego de pelota mesoamericano y su simbolismo religioso", *Traducciones Mesoamericanista,* México, Sociedad Mexicana de Antropología, 1966.

León-Portilla, Miguel, *Los antiguos mexicanos a través de sus crónicas y cantares,* 3a. edición, México, Fondo de Cultura Económica, 1976.

Visión de los vencidos, edición de Miguel León-Portilla, versión de textos nahuas de Angel Ma. Garibay K., México, Universidad Nacional Autónoma de México, 1985. (Biblioteca del Estudiante Universitario).

Matos Moctezuma, Eduardo *et alii, El Templo Mayor,* México, Bancomer, 1981.

Memorial breve acerca de la ciudad de Culhuacán, Biblioteca Nacional de París, Manuscrito Mexicano núm. 74.

Sahagún, fray Bernardino de, *Historia general de las cosas de Nueva España,* edición, notas y apéndices por Angel Ma. Garibay K., 4 v., México, Editorial Porrúa, 1956.

Tapia, Andrés de, en *Crónicas de la Conquista,* edición de Agustín Yáñez, México, Universidad Nacional Autónoma de México.

Torquemada, fray Juan de, *Monarquía indiana,* 7 v., edición preparada por el Seminario para el estudio de fuentes y tradición indígena, bajo la coordinación de Miguel León-Portilla, México, Universidad Nacional Autónoma de México, Instituto de Investigaciones Históricas, 1975-1979.

Esta obra se terminó de imprimir
en el mes de Noviembre de 1987
en Programas Educativos, S.A. de C.V.
en México, D.F.